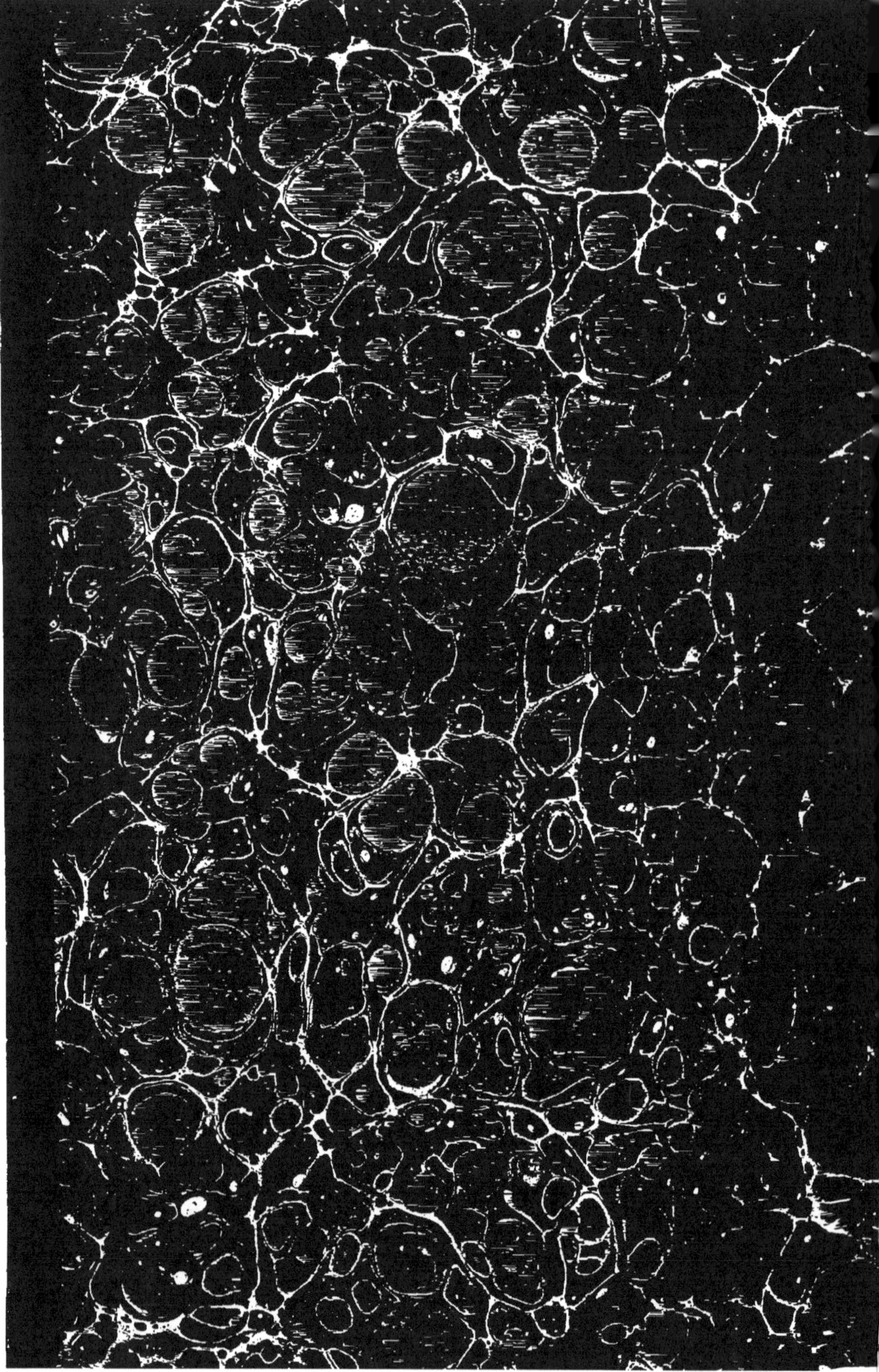

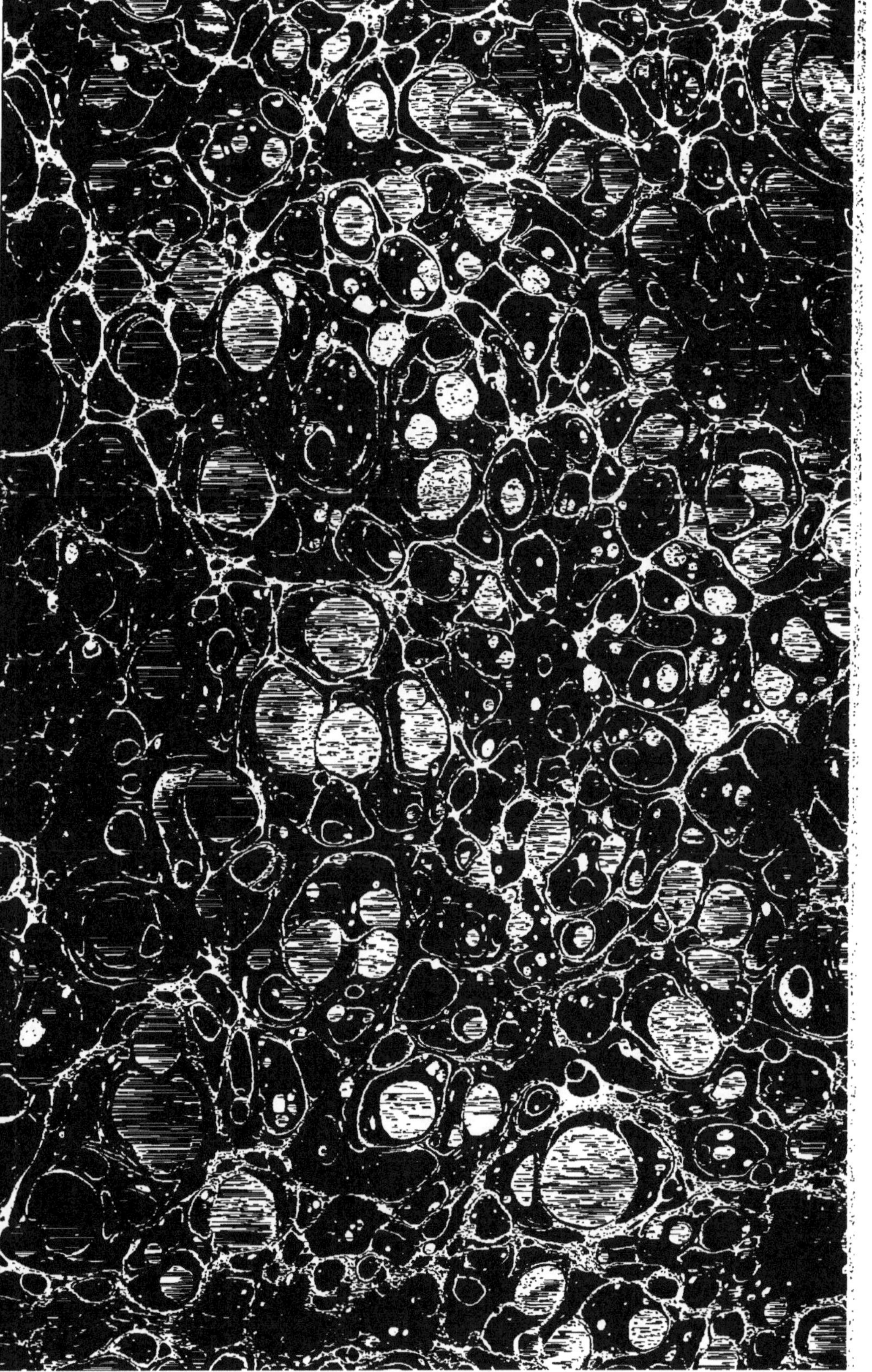

RELATION

DE

L'EXPÉDITION DE MASCARA.

IMPRIMERIE LE NORMANT,
RUE DE SEINE, N° 8.

RELATION

DE L'EXPÉDITION

DE

MASCARA,

PAR ADRIEN BERBRUGGER,

Secrétaire de M. le maréchal comte CLAUZEL.

(L'auteur a marché pendant toute l'expédition avec le quartier-général.)

PARIS.

AU BUREAU

DU COMMENTAIRE ANALYTIQUE DU CODE CIVIL,

Rue des Petits-Augustins, n° 24.

Ve LE NORMANT, LIBRAIRE, RUE DE SEINE, N° 8.

DELAUNAY, LIBRAIRE, PALAIS-ROYAL.

1836.

Oran, 25 décembre 1835.

L'intérêt que le public n'a cessé de témoigner pour tout ce qui se rattachait à l'expédition de Mascara fait espérer que cette relation sera accueillie favorablement par lui. Elle est écrite sous l'inspiration des événemens par un témoin oculaire que sa position auprès du général en chef mettait à même d'être bien informé.

Indépendamment de ses observations personnelles, des notes précieuses pour tout ce qui concerne les opérations militaires proprement dites lui ont été communiquées par M. le capitaine d'état-major de Rancé, député, premier aide de camp de M. le maréchal gouverneur. La position de cet officier, son zèle et son courage, qui le faisaient en quelque sorte se multiplier, et qui, dans toutes les actions, le portaient toujours en avant, donnent un grand prix aux documens fournis par lui, documens que le rédacteur de cet ouvrage s'est contenté le plus souvent de reproduire mot pour mot dans l'intérêt même de la narration.

On regrette de n'avoir pu citer tous les faits honorables qui ont signalé cette glorieuse campagne et nommer tous ceux qui ont mérité d'être remarqués. Le désir de faire connaître le plus tôt possible l'historique de l'expédition n'a pas permis d'attendre que tous les renseignemens qu'un plus long délai aurait fait obtenir fussent réunis. Cependant on ose garantir que le récit est complet dans ce qui concerne l'ensemble, et que les omissions qu'il peut y avoir ne portent que sur des détails et des faits particuliers.

EXPÉDITION

DE MASCARA.

Le départ de Mgr le duc d'Orléans et du maréchal gouverneur fut retardé pendant quelques jours par les vents contraires et une forte houle. Le temps s'étant remis dans la nuit du 18 au 19 novembre, on en profita sur-le-champ, et le 19 vers midi, le bateau à vapeur *le Castor* qui portait Son Altesse Royale, et *le Ramier* qui l'escortait, quittaient la rade d'Alger se dirigeant sur Oran. Deux heures après, le gouverneur général s'embarquait sur *la Salamandre;* et ce bâtiment, précédé du *Styx*, qui, ainsi que lui, remorquait deux bâtimens nolisés, suivait les bateaux du prince.

La gabarre *le Finistère* et deux autres bâtimens avaient été rémorqués le matin jusqu'à deux lieues d'Alger et avaient appareillé sur-le-champ pour la même destination.

Dans l'après-dînée, toute cette petite flottille longeait la côte d'Afrique à une distance plus ou moins grande.

A mesure que les bâtimens apparaissaient, les Arabes du littoral allumaient des feux dans les vallées et sur les montagnes, probablement pour faire connaître à leurs compatriotes de l'intérieur, par ce moyen télégraphique qui remonte à une haute antiquité, le passage de nos navires.

De tous les bateaux à vapeur, *la Salamandre* était celui qui se tenait le plus près de la côte. proximité qui permettait de la bien observer. On y remarque une grande quantité d'anses où les sandales (bateaux maures) doivent trouver un assez bon abri dans les gros temps. On trouve même entre le cap Tenez et Mostaghanem des points de débarquement assez favorables.

A partir du cap Tenez jusqu'à Mostaghanem, le pays paraît assez boisé. On longe dans cet espace la délicieuse vallée du Chélif remarquable par le grand nombre de marabouts qui la parsèment et dont la blancheur éblouissante les fait apercevoir de fort loin. Peu d'habitans paraissaient sur la côte qu'on aurait pu croire inhabitée sans les feux nombreux dont on vient de parler.

Dans la nuit, on entra dans la rade de Mers-el-Kébir (*le grand port*). Tous les bâtimens y restèrent, à l'exception de *la Salamandre* qui, après avoir laissé les deux navires qu'elle remorquait, alla mouiller à côté de la pointe de la Moune devant Oran.

Le 21 à quatre heures du matin, le maréchal gouverneur était en vue d'Oran; il attendit cependant l'arrivée du prince qui, après avoir visité les deux vaisseaux *la Ville de Marseille* et *le Scipion*, fit son entrée dans la ville au bruit du canon des forts et des bâtimens de guerre. L'accueil de la population fut aussi satisfaisant, pour Mgr le duc d'Orléans, à Oran qu'il l'avait été à Alger.

Le jour même de son arrivée, M. le maréchal gouverneur adressa aux troupes expéditionnaires l'ordre du jour suivant :

« Oran, 21 novembre 1835.

« Le maréchal gouverneur général témoigne aux régimens envoyés de France en Afrique la satisfaction qu'il éprouve de les voir réunis aux troupes de la division d'Oran pour concourir avec elles à la vengeance d'une insulte faite à nos armes.

« Le maréchal a une pleine confiance dans le courage et la patience à supporter les fatigues de la guerre, des régimens dont la réputation est si bien établie déjà; et il espère que le but de leur passage en Afrique sera bientôt et pleinement atteint.

« Les troupes de la division expéditionnaire apprendront avec plaisir que le prince royal, qui les a devancées en Afrique, veut les suivre dans la campagne qui va s'ouvrir, partager leurs fatigues et leurs dangers. Chaque soldat doit être fier de marcher avec le fils du roi des Français, chaque soldat doit être certain de trouver en lui un protecteur juste et éclairé.

« La France a déjà su apprécier la noble conduite du prince et lui a payé un tribut mérité d'éloges pour sa louable résolution de prendre part à des périls inconnus dans les guerres des peuples civilisés. Nous autres soldats, nous montrerons au prince que son auguste père, en nous le confiant, a eu raison de compter sur notre dévouement ; et nous le lui rendrons, nous le rendrons à la France avec de nouveaux titres à leur amour, à leur reconnaissance. »

Le mauvais temps et les préparatifs nombreux que l'expédition nécessitait retardèrent le départ jusqu'au 26. Le prince employa cet intervalle à passer les troupes en revue, à visiter les établissemens publics, civils et militaires. L'investiture de bey Ibrahim par le *kandoura* (espèce de surcot en soie brochée), et celle de son *khalifa* (lieutenant) eurent lieu aussi dans ce moment. Un échange de présens fut la conséquence de cette cérémonie : le bey reçut un magnifique sabre en or, son lieutenant eut des pistolets. En retour, ils offrirent au prince, au maréchal gouverneur, à Mme la maréchale Clauzel, au vicomte Clauzel et à M. le colonel Maison, des chevaux, des peaux de tigres et de lions, des tapis de El-Callah et de Constantinople, un cachemire, de superbes écharpes, plusieurs paires de pantoufles dorées, des essences, des serviettes brodées, etc.

Malgré toutes les peines qu'on se donnait pour

obtenir des renseignemens sur Abd-el-Kader, sur sa position, le nombre de ses troupes, etc., on ne savait que fort peu de chose. On ne pouvait consulter que des Arabes sur ce point; et comme en général ils règlent leurs réponses sur les intentions ou les désirs qu'ils vous supposent bien plus que sur la réalité, il était difficile de savoir à quoi s'en tenir. Si on leur demandait le nombre des soldats d'Abd-el-Kader, ils vous répondaient par l'éternel *bezaf* (beaucoup), c'est-à-dire par la désignation la plus élastique, la plus vague qu'on puisse imaginer dans la bouche des indigènes, *bezaf* pouvant signifier six mille hommes tout comme trente mille.

Tout ce qui paraissait positif, c'est que l'émir rassemblait ses troupes derrière le Sig, et qu'il avait une avant-garde peu considérable à Tlélat pour observer les mouvemens du camp du Figuier.

Enfin tout était disposé pour le départ, lorsqu'une difficulté inattendue vint apporter un retard momentané, et fit craindre même que l'expédition ne pût avoir lieu. A défaut de mulets qu'on avait demandés en France et qu'on n'avait pas obtenus, il avait fallu avoir recours aux chameaux de nos alliés, les Douaiers et les Smélas, pour le transport des vivres, munitions, etc. Au moment d'en faire usage le bruit se répandit tout à coup que leurs propriétaires les dirigeaient sur Messerguin, au lieu de les amener à Oran, sous prétexte qu'ils en avaient besoin pour transporter leurs tentes de ce côté. Il n'y avait pas un moment à perdre pour empêcher cette émigration inopportune; aussi M. le sous-intendant militaire de Guiroye s'empressa-t-il de monter à cheval; accompagné d'un détachement de chasseurs d'Afrique et des troupes campées au camp du Figuier, il battit toute la plaine et parvint à ramener en ville environ six cents chameaux, quantité jugée nécessaire pour les transports à opérer. Déjà un grand nombre de ces quadrupèdes était hors de portée, et il est probable que, sans la diligence de l'administration, le reste aurait également disparu et que notre armée aurait dû attendre que nos alliés eussent terminé leurs affaires de ménage.

Avant d'entamer le récit de l'expédition, il convient de donner la connaissance de l'organisation de l'armée et de la composition des états-major de Mgr le duc d'Orléans et de M. le maréchal gouverneur.

MAISON MILITAIRE DU PRINCE.

Aides de camp.

Le lieutenant-général Baudrand, premier aide de camp,
Le maréchal de camp baron Marbot,
Le lieutenant-colonel Gérard.

Officiers d'ordonnance.

Le capitaine d'état-major comte de Montguyon,
Le capitaine de carabiniers duc d'Elchingen,

Le capitaine de génie de Chabaud-Latour,
Le capitaine de cavalerie Bertin de Veaux.

Officiers de santé.

Pasquier fils, détaché de l'Hôtel royal des Invalides, par ordre de M. le ministre de la guerre, pour servir près de la personne du prince pendant l'expédition.

Officiers adjoints à l'état-major du Prince pendant la durée de l'expédition.

Le colonel de cavalerie L'Etang,
Le capitaine d'état-major Duchâtel,
Le capitaine du génie Leblanc.

OFFICIERS

Employés auprès du maréchal gouverneur général commandant en chef l'armée expéditionnaire.

Aides de camp.

Le capitaine d'état-major de Rancé, député, premier aide de camp,
Le capitaine d'état-major de la Tour du Pin.

Officiers d'ordonnance.

Le lieutenant de lanciers vicomte Clauzel,
Le lieutenant d'artillerie Baichis,
Le sous-lieutenant du 1er de chasseurs d'Afrique Duhesme,

Le sous-lieutenant de dragons d'Arnaud,
Le sous-lieutenant de spahis de Villiers.

Officiers adjoints pendant la durée de l'expédition.

Le lieutenant-colonel d'état-major Maison, aide de camp du ministre de la guerre,
Le chef d'escadron de Bourgen, du 12e chasseurs.

Secrétaire.

Adrien Berbrugger, secrétaire.

Voici maintenant l'organisation de l'armée qui se composait de quatre brigades et d'une réserve :

PREMIÈRE BRIGADE. — GÉNÉRAL OUDINOT.

Les Douaiers, les Smélas, les Turcs (Bey Ibrahim).
Le 2e régiment de chasseurs à cheval,
Quatre compagnies du bataillon des Zouaves,
Le 2e régiment d'infanterie légère,
Une compagnie de mineurs,
Une compagnie de sapeurs,
Deux obusiers de montagne.

DEUXIÈME BRIGADE. — GÉNÉRAL PERREGAUX.

Trois compagnies d'élite des régimens de la garnison d'Alger (10e léger, 13e et 63e de ligne),
Le 17e régiment d'infanterie légère,
Deux obusiers de montagne.

TROISIÈME BRIGADE. — GÉNÉRAL D'ARLANGES.

Le 1er bataillon de chasseurs d'Afrique,
Le 11e régiment de ligne,
Deux obusiers de montagne.

QUATRIÈME BRIGADE. — COLONEL COMBES.

Le 47e régiment de ligne,
Deux obusiers de montagne.

RÉSERVE. — LIEUTENANT-COLONEL DE BEAUFORT.

1er bataillon du 66e de ligne,
Une compagnie de sapeurs,
Quatre obusiers de montagne,
Une batterie de campagne.

Le 25 novembre tous les préparatifs étant faits, à l'exception du chargement des six cents chameaux qu'on était parvenu à réunir, M. le maréchal gouverneur fit ses dispositions de manière à rallier au camp du Figuier les troupes de toutes armes dans la journée du 26, et il s'y rendit lui-même avec son état-major, dont il avait été forcé de laisser une partie à Alger. Le prince voulut bien mettre à la disposition du maréchal les officiers de son état-major, qui firent en effet le service pendant la campagne.

Tandis que les troupes amenées d'Oran s'établissaient autour du camp, le maréchal gouverneur et Mgr le duc d'Orléans poussèrent une reconnaissance jusqu'au Sebkha (*terre salée*), que l'on désigne plus communément sous le nom de *lac salé*, cette partie de la plaine se couvre en effet d'eau, lors de la saison des pluies, époque où la cavalerie n'y passerait que difficilement. Le jour de cette reconnaissance il avait l'apparence de vase jaunâtre, très-unie, et présentait assez de consistance pour que les chevaux pussent y marcher sans beaucoup enfoncer. Après avoir reconnu deux rideaux qui couvrent le camp à gauche et par lesquels on rejoint la route directe d'Oran à Mascara, on rentra au quartier-général où l'on passa la nuit sous la tente sans avoir eu d'autres nouvelles de l'ennemi que l'apparition d'une vingtaine de feux allumés sur des mamelons de l'Atlas en face du camp et sur le territoire des Béni-Hamer. On disait que c'étaient quelques cavaliers de cette tribu qui faisaient la garde dans la crainte d'une surprise nocturne; mais il est plus probable que c'était un poste placé par Abd-el-Kader pour observer nos mouvemens [1].

Le camp du Figuier mérite une mention particulière. C'est une redoute en étoile dans laquelle

[1] On eut connaissance alors d'une proclamation emphatique d'Abd-el-Kader, dans laquelle l'émir prétendait qu'il avait fallu six mois au puissant roi des Français pour lever dix mille hommes et qu'il avait dû envoyer son propre fils en Afrique. Mais que lui, l'émir, n'a qu'à étendre le bras pour amener vingt mille guerriers sur le champ de bataille. Nous serons battus peut-être la première, la seconde et même la troisième fois, dit-il à ses partisans; mais à la fin nous aurons la victoire et nous coustruirons un monument avec les os des chrétiens.

sont placés deux blockhaus qui peuvent contenir chacun quarante à cinquante hommes. Elle est imprenable sans canon. Le terrain en est ferme, les escarpes verticales et la profondeur des fossés de deux mètres vingt centimètres. Il n'y a aucune source aux environs et l'eau qu'on y boit provient de puits creusés par les Français. Cette eau nous parut assez peu agréable à boire; nous ne doutions guère qu'avant peu nous aurions sujet de la regretter. Ce nom de *camp du Figuier* vient de ce que la redoute est construite auprès de trois figuiers (l'un d'eux, étant bifurqué à la naissance du tronc, ferait croire au premier abord qu'il y en a quatre) dans un endroit que les Arabes appellent El-Kermah (*le Figuier*).

Parmi les choses remarquables du camp du Figuier, il y avait la rue des Marchands où régnait une affluence extraordinaire de buveurs et mangeurs et qui rappelait tout-à-fait l'aspect des guinguettes des barrières de Paris. Les consommateurs étaient assis sur des bancs autour de tables circulaires creusées dans une terre calcaire assez consistante, qui se trouvait au-dessous de la couche d'humus. Les cuisines des soldats étaient construites dans le même système et avec une habileté fort remarquable. On trouvait aussi des bustes de leur façon; mais cette fois il n'y avait pas lieu de féliciter les artistes sur le mérite de l'exécution.

Le 27 novembre, le maréchal gouverneur s'étant assuré que le dernier convoi de chameaux arrive-

2

rait dans la matinée, résolut de porter en avant une partie de l'armée pour déblayer le camp du Figuier, et pour s'assurer la possibilité de se mettre définitivement en marche le lendemain avec tout son monde et l'énorme bagage que doit traîner avec elle une armée qui ne peut compter sur aucune ressource dans le pays ennemi.

A midi, le général Oudinot reçut l'ordre de partir pour occuper l'ancien camp de Tlélat dont on savait que les retranchemens n'avaient pas été détruits par les Arabes. Ce général se mit en marche avec les quatre compagnies de Zouaves, le bataillon des chasseurs d'Afrique, le bataillon du 66e, les deux bataillons du 47e de ligne, un bataillon du 2e léger, le 2e régiment de chasseurs à cheval, les troupes d'Ibrahim-Bey, cavalerie et infanterie, une batterie de campagne et deux obusiers de montagne. Ces troupes arrivèrent à leur destination sans rencontrer l'ennemi; et le général Oudinot, pendant que ses troupes s'établissaient, poussa une reconnaissance aux environs de sa posiion sans apercevoir les Arabes.

Avant le départ des dernières troupes du camp du Figuier, on eut des nouvelles de Mustapha-Ben-Smaïl. Il manifestait la satisfaction que lui avait causée l'occupation de l'île de Rachgoun par un détachement français. Il demandait à grands cris qu'on marchât sur Mascara, et se plaignait d'être tenu renfermé dans le Méchouar (citadelle de Tlemsen) par des postes de *Béni-Amer* qui se relevaient de vingt-quatre heures en vingt-quatre heures. Le maréchal gouverneur lui répondit qu'il pouvait être tranquille, que le lendemain du jour où il lui écrivait l'armée serait en marche, et qu'après avoir châtié Abd-el-Kader et pris Mascara, il irait le dégager dans Tlemsen.

Le 28 au point du jour, le général Oudinot fit partir le bey Ibrahim avec ses Turcs dans la direction de la forêt de Muley-Ismaïl, avec ordre de s'avancer à deux lieues au moins et de chercher à se procurer des nouvelles de l'ennemi; mais il lui enjoignit d'éviter un engagement sérieux. Ibrahim revint à dix heures du matin; il n'avait rencontré que deux à trois cents cavaliers qui s'étaient retirés devant lui jusque dans la forêt.

Pendant ce temps, M. le maréchal gouverneur dirigeait du camp du Figuier sur Tlélat une brigade sous les ordres du général Perregaux. Ce mouvement eut lieu à huit heures du matin, et trois heures après, on leva définitivement le camp du Figuier, d'où partirent alors la brigade d'Arlanges, la réserve, le parc d'artillerie, toutes les voitures et le convoi de sept cents chameaux chargés.

M. le maréchal gouverneur, accompagné de Mgr le duc d'Orléans, poussa une reconnaissance à une lieue au-delà du Tlélat. Après avoir examiné le versant de l'Atlas, et reconnu la route qui conduit à Mascara, il revint au camp, et établit son quartier-général au milieu d'un grand carré formé par toute l'armée, au centre de laquelle se trouvaient ainsi placés les bagages, les chameaux et les parcs du train et de l'artillerie.

Pendant la nuit, les Arabes allumèrent un grand nombre de feux sur l'Atlas et sur les mamelons de la forêt de Muley-Ismaïl.

A côté du camp de Tlélat, se trouve le *Oued-el-Tlélat*, rivière qui a fort peu d'eau, et seulement de distance en distance dans quelques excavations. Encore cette eau est-elle trouble et bourbeuse. Cependant, en remontant son cours à trois quarts de lieue du camp, les chevaux ont trouvé de quoi boire. Au reste, cette eau qui est mauvaise pour la cuisson des alimens et à plus forte raison pour la boisson, a préparé l'armée à ce qu'elle devait avoir à souffrir sous ce rapport dans le cours de l'expédition.

Le 29 à sept heures du matin, les troupes étaient sous les armes, et les brigades formées conformément aux ordres prescrits au camp du Figuier. Le général Oudinot, commandant l'avant-garde, déboucha par la route qui conduit à la plaine du Sig, en traversant la forêt de Muley-Ismaïl[1]. Ce dernier lieu

[1] Le nom de Muley-Ismaïl vient du bisaïeul de l'empereur actuel de Maroc, qui s'appelait ainsi et qui remporta une mémorable victoire en ce lieu. L'arbre remarquable par sa hauteur et sa forme qu'on aperçoit à la droite de Aïn-Kébra, sur la route de Mascara, et qui s'appelle *L'arbre élevé de Muley-Ismaïl*, rappelle encore une victoire de ce monarque. C'est à ce Muley-Ismaïl que remonte l'origine de la garde noire des empereurs de Maroc, connue sous le nom de *Abid-Sidi-Bokhari* (esclaves de Sidi-Bokhari). Bien que cette origine soit étrangère à mon sujet, on ne termine pas cette note sans la rapporter. Muley-Ismaïl pénétra avec une nombreuse armée dans les Etats du roi du Soudan avec l'intention de s'en emparer. Son adversaire, au lieu de faire

était pour le digne général l'objet de pénibles souvenirs. C'est là que son frère avait trouvé une belle mort en chargeant à la tête des chasseurs d'Afrique. Dans une allocution touchante, il rappela ce douloureux événement aux soldats qui l'entouraient, et jura de venger sa mort, parole qu'il a fidèlement tenue.

Le parc d'artillerie et tous les bagages de l'armée suivaient la même route que l'avant-garde; le colo-

résistance, le laissa pénétrer dans le cœur de son royaume, mais tout à coup il l'entoura de nègres qui formaient autour de son armée un cercle immense sept fois répété. Muley, se voyant cerné par cette multitude si supérieure en nombre à ses soldats, se crut perdu. Il avait l'habitude de se déguiser et de parcourir incognito le camp de ses troupes. Le soir du jour où il se trouva dans cette fâcheuse position, cherchant une distraction à son inquiétude et désirant savoir ce que pensaient ses soldats, il prit un habit misérable, se salit la figure, et étant ainsi méconnaissable, se promena parmi les siens demandant son pain sur sa route. Il arriva ainsi auprès de deux soldats qui jouaient aux échecs. L'un disait à son camarade, *Tu es mat!* — *Non pas*, répondit l'autre, *je ne suis pas plus mat que Muley-Ismaïl n'est perdu s'il sait aussi bien jouer au jeu de roi que moi à celui des échecs*. Et, en effet, par un coup inattendu, il se dégagea et gagna la partie. L'empereur se retira à sa tente et fit appeler le soldat qui arriva tout tremblant croyant que son souverain ne pouvait le demander que pour lui couper la tête. *Tu connais donc*, lui dit Muley, *un moyen de sortir du mauvais pas dans lequel je me trouve.* — *Oui, prince des croyans.* — *Et quel est-il?* Le soldat lui conseilla d'envoyer au roi du Soudan ses principaux chefs richement vêtus et de les charger de dire à Sidi-Bokharis que Muley-Ismaïl était venu tout exprès de son pays pour lui demander sa fille en mariage. Le roi du Soudan, contre qui aucune hostilité n'avait encore été exercée, crut ce qu'on lui disait et accorda sa fille, à laquelle il donna en dot soixante-dix mille esclaves noirs et une quantité innombrable de chameaux chargés de poudre d'or. Ces esclaves donnèrent naissance à la garde noire, et à cause du roi qui les avait donnés, dans l'origine on les appela *Abid-Sidi-Bokharis* (esclaves du seigneur Bokharis).

nel Combes, avec les deux bataillons du 47e, le bataillon du 66e et deux compagnies du génie, faisait l'arrière-garde et l'escorte du convoi. Les brigades des généraux Perregaux et d'Arlanges marchaient serrées en masse parallèlement à la brigade Oudinot qui se trouvait ainsi brigade de direction.

La configuration du terrain permit de continuer dans le même ordre pendant toute la journée, ce qui donnait le double avantage de n'occuper que le moindre espace possible en profondeur, et permettait d'avoir constamment toutes les troupes sous la main. Il était impossible d'être plus favorisé par le temps, et la sérénité du ciel faisait ressortir le paysage où l'armée se trouvait alors. On marchait entre des buissons de lentisques arrondis, qu'on aurait crus taillés par la main d'un artiste horticulteur, tant ils avaient de régularité dans leurs formes. Des groupes de beaux oliviers s'élevaient au-dessus des broussailles, et faisaient comprendre quelque peu le nom de *forêt* donné à cet endroit qu'on oserait à peine appeler un bois en Europe. A chaque instant sous les pieds des chevaux et dans les rangs des fantassins sortaient des quantités de perdrix que le chasseur ne paraît pas inquiéter souvent dans ces retraites. Des animaux plus formidables se montrèrent aussi sur notre passage, et deux lions troublés dans leur solitude jusqu'alors paisibles, se jetèrent dans la montagne à l'aspect de nos colonnes.

Avant d'arriver à la plaine du Sig, il fallait traverser d'abord deux lieues d'une plaine ondulée et souvent coupée par des rideaux que les tirailleurs occupaient successivement en avant de chaque colonne. Ensuite commençait un défilé de deux lieues formé par la forêt dont il vient d'être parlé. On pensait généralement qu'Abd-el-Kader, qui avait fait acheter cher au général Trézel la victoire que celui-ci remporta dans cette même localité le 26 juin dernier, chercherait à nous disputer ce passage difficile. Mais le défilé fut franchi dans un ordre parfait, et, contre l'attente de tous, sans obstacle de la part de l'ennemi; car on ne saurait considérer comme opposition une vingtaine de coups de fusil tirés sur nous par des Béni-Amer qui caracolaient hors de portée à notre droite. Nos flanqueurs, qui avaient reçu l'ordre exprès de ne tirer qu'à coup sûr, dédaignèrent de répondre, et les Arabes, voyant qu'on ne leur ripostait pas, cessèrent leur feu et se contentèrent d'observer notre marche.

A une heure après-midi, toutes les colonnes débouchèrent dans l'immense plaine arrosée par le Sig, dont on n'était plus alors qu'à deux lieues et demie. Le soleil était radieux et brûlant comme au mois de juin en France; la plaine, praticable partout, se couvrait de troupes déployées et marchant comme dans une revue. Du haut des cimes de l'Atlas, les Arabes les regardaient s'avancer lentement vers la rivière. C'était en vérité un magnifique spectacle que cette armée française traînant après elle plus de six cents chameaux, et précédée des Turcs et des Arabes du bey Ibrahim, dont les nombreux étendards de diverses couleurs flottaient dans les airs. Il n'y avait pas jusqu'au bruit discordant pour des oreilles européennes de la musique indigène qui ne vînt ajouter au charme de ce tableau original. Nos alliés, à peine descendus dans la plaine, se mirent à galoper devant le bey, et à mesure que chaque cavalier arrivait en face de lui il faisait feu de son fusil, en signe d'honneur. A l'arrière-garde, quelques Arabes suivaient, tirant de temps à autre sur nos soldats, mais toujours à grande portée, et par conséquent sans aucun résultat [1].

Cependant, entre la forêt de Muley-Ismaïl et le Sig, une centaine de cavaliers ennemis se présenta en avant du corps indigène d'Ibrahim, qui fit charger son monde et les dispersa promptement.

A peine ce faible obstacle avait-il été écarté que des groupes de Douaiers et de Smélas, nos alliés, se répandaient par toute la plaine dans le but de trouver des bestiaux et des matamores. Leurs recherches, sous ce dernier rapport, furent on ne peut pas plus productives.

Dès cinq heures du soir, les Zouaves et le corps

[1] Cette scène et une foule d'autres de même genre donnèrent de l'occupation aux crayons des capitaines Leblanc et Genet qui n'ont cessé, pendant toute la campagne de recueillir de grécieux matériaux, et cela jusque sous le feu de l'ennemi.

d'Ibrahim étaient établis sur la rive droite du Sig, et le reste de l'armée prenait position à la gauche de cette rivière, toute l'armée formant, comme au camp de Tlélat, un immense carré renfermant les parcs et les équipages.

L'aspect du bivouac était des plus agréables. On se trouvait campé dans un petit bois de tamarins, entre le marabout de Sidi-Abd-el-Kader et un autre marabout à moitié ruiné, tous deux sur les bords du Sig, le premier du côté de la source de cette rivière et le second vers l'embouchure. Le Sig, qui descend de l'Atlas, se perd au bout de la plaine dans un marais où l'Habra se rend également. Au-delà de ce marais, les deux rivières confluent vers la mer, n'en formant plus qu'une à laquelle on donne vulgairement le nom de *Macta*, à cause d'un *mokhta* ou gué qui s'y trouve sur la route de Mostaghanem à Arzew.

Nos troupes, qui étaient sous les armes depuis six heures du matin, et qui avaient été à peu près privées d'eau depuis le Figuier, après avoir marché par une journée des plus chaudes, trouvèrent avec plaisir au camp du Sig de l'ombre, de l'eau et du bois en abondance. Le repos de la nuit ne fut troublé par aucune alerte, comme on aurait pu le craindre, d'après les attaques nocturnes fréquentes que le général Trézel avait eues à supporter dans le même lieu.

Une halte sur le Sig était indispensable. C'était à partir de cette position que les obstacles sérieux devaient se rencontrer. Tous les renseignemens recueillis sur la nature du terrain que l'armée devait parcourir, et sur l'état des diverses routes qui conduisent à Mascara, laissaient quelques doutes sur la possibilité de conduire les prolonges et même la batterie de campagne jusqu'au but de l'expédition. Le maréchal gouverneur consulta de nouveau les officiers d'état-major qui, pendant la paix, avaient parcouru le pays, et leurs rapports s'accordant avec les renseignemens que donnèrent aussi les Turcs et les Arabes auxiliaires, on dut se résoudre à laisser sur le Sig tout ce qui aurait embarrassé dans la marche sur Mascara.

M. le colonel du génie reçut en conséquence l'ordre de tracer sur la rive droite de la rivière un camp retranché pouvant contenir les voitures à la suite de l'armée et dans lequel une garnison de mille hommes pût résister à toute entreprise de l'ennemi. Deux ponts avaient été jetés sur le Sig afin d'établir une communication facile d'une rive à l'autre. Il fut prescrit au colonel Lemercier de les couvrir par un ouvrage combiné avec le camp retranché, et seize cents travailleurs furent mis à l'œuvre pour cet objet. Le zèle et l'activité du génie se montrèrent avec éclat dans cette circonstance, qui ne fut pas la dernière, au reste, dans laquelle on eut lieu d'admirer le dévouement et les efforts de cette arme si utile. Le 30, dans la soirée, les travaux étaient déjà assez avancés pour espérer qu'on ne serait pas retenu dans ce lieu plus long-temps que ne le permettaient les approvisionnemens apportés d'Oran. Pendant toute cette journée, les Arabes ne commirent aucun acte d'hostilité; seulement ils vinrent établir un camp au pied de l'Atlas, sur la rive droite du Sig, et par conséquent à la droite du nôtre. Leurs troupes arrivèrent successivement sur ce point, où l'on voyait dans la soirée une masse d'environ quatre mille hommes, tant cavalerie qu'infanterie. On vit passer distinctement leurs bannières, et l'on eut une cérémonie semblable à celle que les soldats d'Ibrahim avaient faite en débouchant dans la plaine du Sig. Cette circonstance fit penser qu'Abd-el-Kader devait y être en personne, ou que du moins il y avait quelque grand personnage à qui ces honneurs s'adressaient.

Pendant les trois jours que l'armée passa dans ce camp, chacun employa son temps du mieux qu'il lui fut possible. Les soldats d'Ibrahim continuèrent de vider les nombreux et immenses silos qui se trouvaient dans le fond de la plaine du côté du territoire des Gharabas à qui on assure qu'ils appartenaient. Le reste de l'armée les seconda très-volontiers dans cette besogne, et c'était une procession continuelle du Sig à ces riches matamores, où nos troupes trouvèrent en abondance du blé, de l'orge, de la paille hachée, des fèves, du miel, du beurre, et même de l'argent en assez grande quantité. Quelques uns de ces silos étaient à deux étages, c'est-à-dire qu'au fond du premier silo on en trouvait un second. Leur forme est absolument celle d'une jarre; ils ne sont pas maçonnés intérieurement. L'orifice est bouché avec une espèce d'ardoise ou de pierre plate, quelquefois avec un couffin, le tout recouvert d'un pied de terre, et quelquefois moins. Souvent il y a un creux au-dessus de cet orifice, où les eaux pluviales doivent séjourner; et cependant, malgré cette circonstance, tout ce qu'on trouve dans ces silos est toujours dans un état parfait de conservation.

La pêche était aussi une manière utile et agréable d'employer ses loisirs. Bien que l'eau fût très-peu profonde et arrivât à peine à la cheville dans plusieurs endroits, le poisson était fort abondant et d'assez bonne qualité. Bientôt la rivière se remplit d'individus qui, avec leurs mouchoirs ou des sacs, exploraient le lit de la rivière, pendant que des camarades battaient le rivage avec des bâtons pour chasser le poisson dans ces filets d'un nouveau genre. Les prémices de la pêche furent offertes à Mgr le duc d'Orléans et au maréchal gouverneur.

Pendant la nuit du 30 novembre au 1er décembre, les travaux du fort furent poussés avec activité. A la pointe du jour, le maréchal gouverneur fit reconnaître les environs de sa position. L'ennemi occupait toujours son même camp, mais on n'apercevait pas sur les mamelons qui l'environnent des troupes en aussi grande quantité que celles qui s'y étaient montrées la veille. Cependant on avait avis de la marche de plusieurs tribus nombreuses, et tout devait faire présumer que l'émir ralliait tous ceux qui se montreraient disposés à courir avec lui les chances de la guerre.

Cependant, malgré ces dispositions hostiles, il ne négligea pas les voies diplomatiques, et un jour on vit arriver au camp d'Ibrahim son porte-parasol [1] qui demanda la permission de venir voir un de ses parens qui se trouvait parmi nos alliés les Douaiers, tribu dont une partie a épousé la cause d'Abd-el-Kader, tandis que le reste marche avec nous. Cet individu fit demander au maréchal gouverneur, de la part de son maître, s'il refuserait de recevoir une lettre de celui-ci, contenant des propositions de paix. M. le maréchal répondit qu'Abd-el-Kader pouvait écrire et que ses lettres seraient reçues, sauf à accepter ou refuser ensuite les conditions qu'il pourrait proposer. Un second message de l'émir arriva peu de temps après, portant que la religion des musulmans ne leur permettant pas de proposer, il fallait que le général en chef de l'armée française écrivît le premier. C'était évidemment une répétition de la marche que l'émir avait suivie avec le général Desmichels; mais les temps étaient bien changés, et cette tactique ne pouvait plus réussir. Les négociations en restèrent donc là.

Dans la matinée du 1er décembre, quelques hostilités eurent lieu. Les Turcs et les Mozabis se portaient au Kraitlenn au-delà des avant-postes, sur la

[1] Celui qui tient le parasol sur la tête de l'émir. C'est le signe du pouvoir suprême.

rive gauche du Sig, et ils éloignèrent promptement les cavaliers ennemis qui s'étaient avancés de ce côté. Cependant un incident assez singulier les fit revenir pendant quelque temps. L'oisiveté du bivouac est quelquefois assez fatigante, et pour échapper à l'ennui, plusieurs officiers armés d'un fusil de munition s'étaient mêlés aux tirailleurs turcs, et avaient continué d'avancer du côté de l'ennemi, sans s'apercevoir que leurs auxiliaires s'étaient retirés et qu'ils étaient restés à peu près seuls. M. le lieutenant de lanciers Bertrand, dont la taille est des plus élevées, monté sur un très-grand cheval, dominait les broussailles, et par la couleur éclatante de son uniforme, attirait l'attention des Bédouins. M. A. B. et M. de R. le suivaient et faisaient feu sur les cavaliers qui s'approchaient un peu trop. Tout à coup des milliers de cris poussés simultanément, avec ce timbre perçant qui caractérise les Arabes, avertirent de la proximité d'une troupe fort nombreuse. L'exclamation *ha! ha!* qui leur est habituelle lorsqu'ils vont charger, annonçait une attaque. Cependant avant de se retirer on voulut savoir ce qui pouvait les avoir ainsi subitement animés; car leurs cris augmentaient d'intensité à chaque minute, et ils révélaient un sentiment de joie excessive. On sut bientôt à quoi s'en tenir à cet égard, lorsqu'on aperçut au débouché du défilé de Muley-Ismaïl, une épaisse poussière sur une grande étendue de terrain, et qui parut être élevée par un corps nombreux de cavalerie. Ce ne pouvait être qu'un contingent d'Arabes qui venait rejoindre Abd-el-Kader, et des lors les cris de joie qu'on venait d'entendre s'expliquaient naturellement. Il fallut regagner aussitôt le camp où l'on se disposait à prendre les armes, dans la pensée que l'ennemi s'avançait. Mais au bout de quelques minutes la cause réelle fut connue. C'était tout simplement un véritable nuage de sable, un de ces phénomènes qu'on ne croirait pouvoir observer que dans le désert. Bientôt cette espèce de trombe, après avoir franchi le défilé, s'étendit dans la plaine, arriva jusque sur nous et nous couvrit d'un déluge de sable qui força tout le monde de tourner le dos au vent, et d'attendre les yeux fermés que cette averse d'un nouveau genre fût terminée. Après une demi-heure elle avait cessé; mais non sans laisser des traces. La verdure qui tapissait notre camp avait disparu sous une couche de sable, et il présentait tout-à-fait l'apparence d'un bivouac dans le Sahara.

Dans l'après-dînée de ce même jour, M. le maréchal gouverneur désirant savoir à quoi s'en tenir sur la force de l'armée d'Abd-el-Kader, ou du moins sur celle des troupes réunies près de notre camp, et dont il lui semblait que l'émir cherchait à lui dissimuler le nombre, résolut de pousser sur sa droite une reconnaissance, qui, en menaçant le camp des Arabes, obligeât leur chef à déployer ses forces pour le défendre.

Il sortit en conséquence de son camp à une heure après midi, emmenant avec lui le bataillon d'Afrique, un bataillon du 17e léger, un du 2e de la même arme, les Zouaves, les Arabes auxiliaires, le 2e régiment de chasseurs à cheval et la batterie de campagne.

Nos troupes auxiliaires se portèrent en avant avec beaucoup d'ardeur, animés par l'exemple du chef d'escadron Richepanse et de plusieurs officiers de M. le maréchal. Le 2e régiment de chasseurs à cheval les soutenait, ainsi que les Zouaves de Lamoricière et deux pièces de canon. Elles chargèrent vigoureusement quinze à dix-huit cents Arabes réunis auprès d'un marabout en avant de leur camp. Ce poste fut enlevé avec la rapidité de l'éclair, et nos troupes, s'abandonnant à leur ardeur habituelle, pénétrèrent assez promptement dans ce camp pour s'emparer d'une partie des tentes que l'ennemi essaya vainement d'enlever et de transporter dans la montagne. Il avait déjà jeté dans le Sig tout ce qu'il n'avait pu emporter. Pendant la durée de cette action, des femmes, des enfans et des vieillards, placés sur le sommet de l'Atlas, nous accablaient d'injures et excitaient les leurs à nous tuer tous. Leurs exhortations n'eurent pas l'effet qu'ils en attendaient, et les Arabes combattans se virent bientôt forcés d'aller chercher un refuge sur ces mêmes cimes.

Chassés de ce point, les ennemis se réfugièrent les uns dans les montagnes et les autres se répandirent sur une pente assez douce de l'Atlas, qui s'étend jusqu'au défilé de Muley-Ismaïl. L'artillerie leur fit beaucoup de mal, sans cependant réussir à leur faire abandonner le combat où ils montrèrent un acharnement remarquable.

M. le maréchal gouverneur avait expressément défendu au général Oudinot, qui commandait sous ses ordres, de s'engager dans la montagne. Le but de la reconnaissance se trouvant atteint, il lui prescrivit de replier ses tirailleurs sur la colonne d'infanterie qui avait été tenue assez éloignée du lieu du combat pour qu'elle ne fût pas inutilement exposée au feu soutenu de l'ennemi.

Le général Oudinot eut d'abord quelque peine à déterminer le mouvement de retraite. Nos tirailleurs, bien soutenus par six pièces de campagne, et auxquels le feu si incertain des cavaliers arabes ne faisait éprouver qu'une perte insignifiante, combattaient avec acharnement. Les boulets et les obus frappaient avec succès dans les rangs des ennemis, qui se trouvaient resserrés dans un espace étroit entre notre ligne et la montagne. L'ordre fut donné de nouveau au général Oudinot de rejoindre la colonne, et la retraite commença à s'effectuer dans le meilleur ordre, sous les yeux du maréchal gouverneur et de Mgr le duc d'Orléans, qui, placé au-delà de la ligne des tirailleurs à l'arrière-garde, se trouva quelque temps exposé au feu croisé qui partait de la gauche, de la droite et du fond de la gorge. Dans ce moment l'armée eut à regretter la perte d'un brave officier, le sous-lieutenant de dragons d'Arnaut, qui servait en qualité d'officier d'ordonnance auprès de M. le maréchal gouverneur. Il tomba mort, frappé d'une balle à la tête dans l'instant même où commençait le mouvement de retraite. Ayant entendu dire qu'un officier était tombé au pouvoir de l'ennemi (ce qui était inexact), il persista à porter en avant un peloton de chasseurs à cheval pour le sauver, et il périt victime de son dévouement, ajoutant à la gloire de périr dans un combat inégal (il chargeait avec quinze hommes plus de trois cents cavaliers), celle qui résultait du motif honorable qui l'avait excité à charger. Les officiers qui, dans cette affaire, montrèrent la bravoure la plus brillante, furent aussi les plus maltraités. Le lieutenant Plautier eut la jambe fracassée par une balle, blessure qui nécessita l'amputation. M. le lieutenant de chasseurs d'Afrique Duhesme (qui s'est déjà distingué d'une manière particulière à la dernière expédition d'Alger), un des officiers d'ordonnance du maréchal gouverneur, eut son cheval blessé et reçut une forte contusion. Le chef d'escadron Richepanse eut également son cheval blessé, ainsi que M. le capitaine d'état-major Tatareau. Mgr le duc d'Orléans donna plus tard un cheval à chacun de ces officiers, en remplacement de celui qu'ils avaient perdu.

Pendant le combat, les cavaliers et l'infanterie que l'émir tenait renfermés dans une gorge profonde accoururent au bruit de la fusillade, comme M. le maréchal gouverneur l'avait espéré. Ils vinrent au secours des fuyards et recommencèrent sur la gauche un second combat qui se prolongea longtemps. Au pied de l'Atlas, nos tirailleurs, soutenus par l'artillerie, luttèrent avec succès contre environ six milles cavaliers arabes, au milieu desquels combattaient des fantassins dont il était difficile d'apprécier le nombre. Un peloton de chasseurs à cheval indigènes, commandé par M. le lieutenant de lanciers Bertrand, les chargea avec vigueur malgré la supériorité de leur nombre. M. le capitaine de gendarmerie d'Agard fit conduire, par l'ordre de M. le maréchal gouverneur, deux pièces de campagne sur le bord du Sig[1]. Ces pièces, assez rapprochées pour pouvoir tirer à mitraille, firent de grands ravages dans les rangs des Arabes, groupés autour du marabout de Sidi-Abd-el-Kader. Leur feu décida la retraite de l'ennemi qui, refoulé sur tous les points, regagna son camp. Les Béni-Amer, qui avaient combattu avec tant d'acharnement sur notre droite, se plaignirent, dit-on, beaucoup de l'émir, qui ne leur avait apporté qu'un secours tardif.

Pour rendre justice à tout le monde, il convient de dire que les Arabes montrèrent beaucoup de vigueur et d'opiniâtreté pendant ces combats. Ils tinrent souvent ferme devant le canon et s'approchèrent assez près pour permettre plusieurs fois à nos artilleurs de tirer à mitraille; mais notre feu,

[1] En s'acquittant de cette mission, cet officier eut son cheval blessé. M. le duc d'Orléans, à son départ de Mostaghanem, lui a donné un des siens en présent.

mieux dirigé que le leur, nos canons, la disposition de nos lignes de tirailleurs, calculée de manière à laisser peu de chances d'être atteints, amenèrent une grande différence dans les pertes respectives. De l'aveu même des Arabes, ils eurent beaucoup de tués et de blessés. Nous n'avions d'ailleurs pas besoin de leur témoignage : la quantité d'hommes que nous leurs voyions emporter, le grand nombre de chevaux qu'on apercevait sans maîtres, annonçaient suffisamment le mal que nous leur avions fait. Quant à nous, quelques hommes tués et quarante-trois blessés formèrent le total de nos pertes pendant cinq heures de combat contre plus de dix mille cavaliers et fantassins occupant les positions les plus avantageuses. Les troupes étaient rentrées au camp du Sig à six heures du soir, et les Arabes, de leur côté, ayant repris leurs positions, cherchèrent à nous tromper sur leur nombre en allumant une multitude de feux qui couronnaient les cimes les plus élevées de l'Atlas dans un espace de plusieurs lieues.

La journée du 2 décembre fut employée à perfectionner les travaux du camp retranché, auquel son Altesse Royale permit de donner le nom de fort d'Orléans. M. le maréchal gouverneur, accompagné du prince, alla visiter les blessés, que M. Mées avait recueillis la veille sur le champ de bataille avec le zèle et le dévouement remarquables qu'il avait déjà montrés au combat de l'Afroun, le 18 octobre, et dans toutes les autres circonstances analogues. Parmi ces blessés se trouvait le lieutenant du 2e léger, Plautier, qui avait été amputé de la jambe droite, et un Turc d'Ibrahim. Ce dernier, blessé assez grièvement à un bras, par suite de l'explosion de son fusil, avait aussi subi l'amputation avec une énergie réellement admirable. Quelques minutes après l'opération il se promenait dans le camp comme s'il ne lui fût rien arrivé. Les consolations que Mgr le duc d'Orléans donna à ces infortunés contribuèrent beaucoup à adoucir leurs souffrances et à calmer leurs inquiétudes.

Ce n'était pas sans beaucoup de regret que M. le maréchal gouverneur se voyait dans l'obligation de laisser ses voitures et surtout sa grosse artillerie derrière lui. Parvenir à conduire le tout à Mascara, c'était se donner le mérite d'avoir vaincu de grandes difficultés aux yeux des Arabes; c'était leur prouver qu'à l'avenir aucune localité, quelque difficile qu'en fût l'accès, ne les mettrait à l'abri de notre atteinte, et c'était aussi s'assurer une victoire plus facile; car dans ce pays, pouvoir frapper son ennemi à une grande portée, c'est doubler la puissance des forces avec lesquelles on le combat.

Revenant donc toujours à l'espérance qu'il avait d'abord conçue de tout conduire à Mascara, M. le maréchal gouverneur appela de nouveau près de lui et les officiers qui connaissaient le pays, et le bey Ibrahim, et les guides qu'il avait amenés d'Oran.

Après les avoir questionnés ensemble et séparément, il remarqua de l'incohérence dans leurs opinions et de l'incertitude de la part de ceux qu'il regardait comme les mieux instruits. Les uns, les officiers français, connaissaient seulement quelques unes des routes que l'on pouvait suivre; les autres, les indigènes, les connaissaient toutes; mais il n'était pas aisé de leur faire apprécier les difficultés que la nature des chemins peut opposer à nos moyens de transport qui leur sont à peu près inconnus. Leur opinion sur la viabilité de telle ou telle route pouvait donc être erronée. Dans cette conjoncture, et au point de vue nouveau où il se trouvait placé, M. le maréchal gouverneur prit un grand parti, celui d'abandonner le fort qui venait d'être construit et de se porter sur l'Habrah avec son bagage, restant toujours maître, lorsqu'il le jugerait convenable, et qu'il se trouverait en présence d'un obstacle insurmontable, de construire sur les lieux mêmes où se présenterait la difficulté un nouvel ouvrage pour y déposer tout ce qu'il ne pourrait pas emmener.

Au reste, de grands avantages résultaient toujours de la construction du fort d'Orléans : d'abord on pouvait être assuré que cet ouvrage ne serait pas détruit, l'expérience du passé étant là pour justifier cette croyance. Les Arabes, en fait de fortifications, ne travaillent ni pour élever ni pour détruire; c'est une action qui n'est ni dans leurs idées ni dans leurs habitudes. Ils ne comprennent pas l'avantage d'une position fortifiée dans laquelle ils ne voudraient pas s'enfermer pour rien au monde. D'ailleurs, le manque d'outils nécessaires ne leur permettrait pas d'opérer cette destruction, quand bien même ils en auraient le désir. Ainsi donc le fort d'Orléans sera respecté par eux comme l'ont été ceux de Tlélat et de Douéra, et plusieurs autres. Or, c'était un grand avantage que d'être assuré de retrouver sur sa route, à tout événement, un point de ralliement ou de repos. L'armée avait des vivres pour dix-sept jours, et on pouvait, s'il était nécessaire, s'arrêter sur l'Habrah pour mettre en sûreté les bagages et construire un nouveau point d'appui, si les chances de la guerre devenaient contraires.

Il faut ajouter aussi à toutes ces importantes considérations, que le combat de la veille avait donné une idée du grand nombre des Arabes et de leur ardeur à combattre. Il n'eût pas été prudent, dans cet état de choses, de se priver du secours de la batterie de campagne et du concours d'un millier d'hommes qu'il aurait fallu consacrer à la défense du fort, ce qui aurait diminué d'autant nos moyens d'action.

On prit donc la détermination de ne rien laisser en arrière, et les événemens justifièrent à tous égards la sagesse de cette dernière résolution.

Le 2 fut consacré à faire reposer les troupes et à mettre la dernière main aux travaux commencés. Pendant cette journée, les Arabes ne montrèrent que deux mille hommes en position sur l'Atlas à notre droite; mais on reconnut qu'ils se réunissaient en grand nombre en avant du camp, et qu'ils s'établissaient en force aux abords de la gorge par laquelle on prend la route directe de Mascara.

Cette disposition fut remarquée avec plaisir, attendu qu'on avait renoncé à suivre cette direction, préférant parcourir une route plus longue, dans le double but de tout conduire à Mascara, et d'éviter un grand nombre de blessés. Ceux-ci, s'ils étaient arrivés à une certaine quantité, n'auraient pu être transportés qu'avec beaucoup de peine; et, dans une semblable guerre, les soins et la sécurité qu'il est du devoir d'un général de leur assurer, ne sont pas toujours possibles.

Le 3 à la pointe du jour, toute l'armée traversa le Sig sur deux ponts jetés par le génie. Cette arme et celle de l'artillerie ont rivalisé d'énergie et d'habileté pendant toute la campagne; les uns surmontant de grands obstacles de terrain, et tous en frappant le moral de l'ennemi par la promptitude et la vigueur de leurs opérations.

On avait à parcourir entre le Sig et l'Habrah une plaine d'une étendue de sept lieues, et cette longue marche devait nécessairement se faire au milieu d'une nombreuse armée de cavaliers actifs et dangereux par l'ensemble vraiment admirable avec lequel, sans commandement et par un pur instinct de la guerre, ils renouvellent leurs attaques, tâtant leur ennemi sur tous les points à la fois, pour profiter en masse et avec la rapidité de l'éclair du plus léger avantage qu'ils parviendraient à obtenir sur lui. Que la nature du terrain ou un mouvement, une disposition particulière et momentanée de nos troupes prêtât le moins du monde à favoriser leur action, ils ne manquèrent jamais de comprendre sur-le-champ le parti qu'ils en pouvaient tirer et d'agir en conséquence.

Avec de tels adversaires, et d'après la position relative des deux armées, il fallait donc marcher dans un ordre serré pour faire face de tous les côtés en même temps et pouvoir manœuvrer sur notre flanc droit avec ensemble et célérité; car M. le maréchal gouverneur voulait, si les Arabes se laissaient déborder par sa tête de colonne, se retourner vigoureusement sur eux et, par une marche de flanc, les acculer à l'Atlas, au pied duquel ils se prolongeaient en grand nombre. En conséquence il ordonna aux généraux Oudinot, Perregaux et d'Arlanges, de former leurs brigades en colonnes par pelotons et de marcher à la même hauteur, renfermant entre leurs intervalles l'artillerie, les voitures et les chameaux qui composaient l'immense convoi de l'armée. La 4e brigade, sous les ordres du colonel Combes, fut chargée de l'arrière-garde et de la protection du convoi, lorsqu'il se trouverait isolé des trois premières brigades par suite de leurs mouvemens contre l'ennemi.

A peine les troupes du colonel Combes avaient-elles quitté la rive droite du Sig, qu'elles furent assaillies par un parti d'environ trois mille chevaux qui s'acharnèrent sur les bataillons du 47e et du 66e pendant toute la journée, sans parvenir à causer le moindre ébranlement dans la colonne couverte par des tirailleurs et protégée par le feu bien dirigé de l'artillerie. Les cavaliers venaient du camp où l'on avait poussé une reconnaissance le 1er décembre; et il est probable que l'émir, dans la prévision que nous camperions sur le Sig, avait ainsi disposé ses troupes en deux parties pour être à même de pouvoir nous occuper sur toutes les faces de la colonne. Au reste, on ne marche guère dans ce pays sans avoir à sa suite des Arabes dont la présence est bien moins motivée par le désir de combattre que par l'espoir de couper la tête à quelque traînard ou de ramener les objets qu'une armée nombreuse perd souvent dans sa marche ou qu'elle peut être forcée d'abandonner. Cette tactique satisfait à la fois la haine de l'Arabe pour les chrétiens et fournit un aliment à sa soif insatiable de pillage.

Mille à douze cents Arabes quittant la position qu'ils occupaient sur les mamelons inférieurs de la montagne, s'étendirent sur notre droite, attaquant avec assez peu de vigueur. Ils paraissaient réserver leurs efforts pour le moment où nous nous trouverions aux prises avec l'émir, dont les troupes échelonnées près de la route de Mascara se disposaient à nous fermer le passage. Enfin cinq à six cents cavaliers disséminés en face de nous et sur la gauche, occupaient nos tirailleurs sans retarder un seul instant la marche de la colonne.

On arriva dans cet ordre de bataille jusqu'à la hauteur du marabout de Sidi-Khorouf, où se trouvait le camp d'Abd-el-Kader. Celui-ci, toujours persuadé que nous allions prendre la route directe de Mascara, mit en mouvement sa nombreuse cavalerie et son bataillon d'infanterie régulière d'environ quinze cents hommes, au milieu duquel il marchait en personne, ayant auprès de lui ses khodjas (secrétaires), El-Mezari, un de ses aghas, ses principaux chefs, ses étendards et la musique guerrière.

Profitant de ce moment où l'ennemi affectait l'ordre de marche des troupes européennes et présentait ainsi des masses, M. le maréchal gouverneur fit avancer entre les tirailleurs et le flanc droit de la brigade Perregaux plusieurs pièces de canon, dont le feu fut si bien dirigé, que le premier coup, pointé sur le groupe qui entourait Abd-el-Kader, blessa son secrétaire qui marchait près de lui, tua un des porte-drapeaux et força l'autre à prendre une allure précipitée. Environ cinquante boulets ou obus, lancés contre les Arabes, les obligèrent à s'appuyer tout-à-fait à la montagne et à regagner en désordre les positions qu'ils se proposaient de défendre contre nous.

La marche suivie par notre armée jusque-là avait complètement trompé les Arabes sur nos intentions; mais lorsqu'ils nous virent continuer notre route en plaine, il devint évident pour eux que nous ne prenions pas la route directe de Mascara. En un clin d'œil des milliers de cavaliers, les fantassins réguliers et les irréguliers combattant au milieu des chevaux de la cavalerie nous tombèrent sur les bras, poussant ces cris perçans et sauvages par lesquels ils annoncent le combat. Nos tirailleurs et l'artillerie résistèrent avec ensemble et sang-froid à cette subite et violente attaque. Au lieu de ralentir la marche des colonnes, M. le maréchal continua d'aller droit devant lui, se dirigeant par une ligne plus courte que celle parcourue par les Arabes qui suivaient les sinuosités de l'Atlas, se tenant toujours à proximité de la montagne, où ils pouvaient trouver un refuge assuré quand ils le voudraient. Au bout d'une heure environ, le but que M. le maréchal gouverneur s'était proposé se trouva ainsi atteint et il laissait en arrière l'infanterie d'Abd-el-Kader et plusieurs milliers de chevaux dont il résolut de se débarrasser par un coup vigoureux.

Il ordonna aux brigades Perregaux et d'Arlanges de changer de direction par le flanc droit ; et, tandis qu'elles marchaient perpendiculairement sur l'Atlas, il porta rapidement en avant huit pièces de canon et deux appareils de fusées à la Congrève, qui par leur feu nourri balayèrent en moins d'une demi-heure tout l'espace compris entre nos troupes et la montagne sur laquelle l'ennemi se réfugia dans le plus grand désordre. Il est difficile d'imaginer l'effet moral produit sur les Arabes, par ce mouvement inattendu qui fut exécuté avec beaucoup de célérité et de précision.

L'armée reprit ensuite sa direction sur l'Habrah, et sa marche fut plus libre. Cependant quatre à cinq mille cavaliers la harcelaient, mais la crainte de l'artillerie les retenant à longue portée de fusil de nos tirailleurs, leur poursuite était à peu près sans danger.

Le soin que M. le maréchal gouverneur avait dû mettre à organiser son ordre de marche et de bataille après le passage du Sig, ainsi que le mouvement opéré sur sa droite contre la position de Sidi-Khorouf, avaient retardé notre course. La journée s'avançait et cependant il fallait atteindre l'Habrah pour y trouver de l'eau. Toutefois, avant d'arriver à l'endroit où la plaine se rétrécit beaucoup entre l'Atlas et le grand bois de l'Habrah [1], il fut jugé prudent de resserrer la colonne et de donner aux troupes quelques instans de repos. On avait observé qu'après leur déroute au camp de Sidi-Khorouf, les nombreuses bandes d'Arabes battues sur ce point s'étaient dirigées en toute hâte en avant, suivant les rampes inférieures de la montagne, dans le but probable d'arriver assez tôt pour défendre le passage de l'Habrah. D'un autre côté, on apercevait de temps en temps, sur la lisière du bois opposée à celle que nous longions, bon nombre de

[1] Ce mot grand s'applique plutôt à la longueur de ce bois qu'à sa largeur qui est quelquefois très-peu considérable. Il est à remarquer que, de tous les bois ou forêts que l'armée a eu occasion d'apercevoir sur la route pendant la campagne, c'est le seul où l'on trouve des arbres qu'on puisse dire de haute futaie.

cavaliers se dirigeant également vers l'Habrah. L'espèce de défilé dans lequel il nous fallait entrer présentait une superbe position militaire pour un général ayant quelque notion de l'art de la guerre, et M. le maréchal gouverneur ne voulait traverser ce passage qu'avec beaucoup de précaution.

L'expérience ne tarda pas à montrer que cette prudence était tout-à-fait à propos. Abd-el-Kader, à qui l'on ne saurait refuser une habileté peu ordinaire, avait en effet bien jugé des avantages que cette position lui offrait pour livrer un nouveau combat. Indépendamment du bois de l'Habrah que nous avions à gauche et aussi en face de nous, parce que la ligne qu'il forme avec l'Atlas après lui avoir été parallèle finit par se confondre avec lui, il existait à peu de distance de nos têtes de colonnes un ravin assez profond dont nous ignorions l'existence et qui coupait la route du bois à la montagne. Derrière ce ravin se trouvaient le marabout de Sidi-Embarak et plusieurs autres entourés de bouquets d'arbres et de fosses mortuaires chargées de pierres qui rendaient le terrain fort difficile. En avant de cette position était un rideau qu'il fallait aborder pour découvrir le revers opposé; et ce rideau était lui-même précédé d'un autre que nous n'avions pas encore atteint. Les localités étaient donc on ne peut pas plus favorables à l'ennemi pour prendre toutes ses dispositions sans qu'il nous fût possible de l'apercevoir.

C'est aussi ce qu'il avait fait, et Abd-el-Kader,

prévoyant d'après notre marche le cas où nous prendrions la route de Mascara, qui est derrière l'Habrah, avait habilement placé sur le point dont il vient d'être parlé une très-forte embuscade, après sa déroute de Sidi-Khorouf. Six pièces de canon bien placées sur un mamelon de l'Atlas enfilaient le ravin en avant du cimetière. Les opinions furent partagées dans l'armée sur cette embuscade: les uns pensaient qu'elle était préparée de longue main, et se fondaient sur l'existence d'un fortin où étaient les pièces, ouvrage qui, disaient-ils, n'aurait pu être construit dans le peu de temps qui s'écoula entre le combat de Sidi-Khorouf et celui de l'embuscade. Les autres pensaient au contraire que c'était une détermination soudaine d'Abd-el-Kader, lorsqu'il avait acquis la conviction que nous ne prendrions pas la route directe. Tout porte à croire que cette explication est la véritable, et dans cette hypothèse il y a lieu d'admirer davantage les talens militaires de l'émir.

Quoi qu'il en soit, une heure avant d'arriver sur ce point on avait cessé d'être attaqué en tête et sur la droite par les Arabes qui s'étaient tout-à-fait éloignés dans deux directions, les uns filant le long de la montagne et les autres de l'autre côté du bois comme s'ils eussent été fatigués de combattre.

M. le maréchal gouverneur, impatient de découvrir le terrain qui se trouvait devant lui et de franchir pour cela le premier rideau, dont il a été parlé, marcha avec Mgr le duc d'Orléans en avant de la colonne, précédé seulement de quelques tirailleurs qui furent bientôt à peu près rejoints et suivis d'un peloton de chasseurs d'escorte de quarante à cinquante chevaux au plus.

Tout à coup au moment où il fut possible de voir sur le revers du rideau, le général en chef, le prince, leurs officiers et la faible escorte qui les accompagnaient se trouvent à environ deux cents pas d'une masse énorme de cavaliers arabes dans laquelle vinrent donner les dix ou douze voltigeurs qui précédaient. Le danger était imminent et il fallut le mouvement d'élan qui se manifesta spontanément parmi les officiers du prince et du maréchal pour le conjurer. Sans calculer la supériorité numérique de l'ennemi, chacun met le sabre à la main. Le brave capitaine Bernard, de son côté, enlève ses chasseurs d'escorte par le cri *en avant!* qui ne résonne jamais inutilement à des oreilles françaises. Et cette *compagnie sacrée* dont la faiblesse numérique ressort davantage à mesure qu'elle approche des masses d'Arabes, charge à fond l'ennemi, le fait reculer en désordre à plus de cinq cents mètres, les deux états-majors soutenant les chasseurs auxquels leur capitaine fait prendre le fusil et commencer un feu de tirailleurs. Ce mouvement, exécuté avec une incroyable célérité, étonne tellement l'ennemi que la plupart restent comme immobiles et que peu d'entre eux songent à répondre à notre feu. Deux compagnies d'infanterie et deux obusiers que M. le maréchal gouverneur fait promptement avancer, dégagent la cavalerie fort à propos; car les Arabes, revenus de leur étonnement et voyant le petit nombre d'hommes qui les avaient mis en fuite, commençaient à revenir sur leurs pas, lorsque les obus qui éclatent au milieu d'eux les font renoncer à cette attaque et les dispersent entièrement.

Plusieurs personnes, étonnées de ce que ces Arabes n'avaient pour ainsi dire pas fait usage de leurs armes à feu, crurent un moment que les cartouches commençaient à leur manquer. On prétendit aussi que les Borgia (car c'était à eux que nous avions eu principalement affaire) étaient disposés à parlementer, et que c'était pour ce motif qu'ils avaient peu tiré sur nous. Ce qui arriva un peu après montra que tout le monde était dans l'erreur, que l'ennemi était loin d'être dépourvu de munitions et qu'il n'avait pas encore renoncé à nous combattre.

Une autre surprise nous était ménagée, et elle ne se fit pas long-temps attendre. Le maréchal gouverneur fait dire au général Oudinot de marcher en bon ordre en avançant sa droite qui s'appuie à la montagne. Une forte détonation se fait entendre en ce moment, venant d'un des mamelons de l'Atlas. On crut d'abord que c'était un de nos obus qui éclatait, mais on sut bientôt que c'était un coup de canon de l'ennemi, et on pensa que ce pouvait être un signal ou l'essai du tir d'une pièce, car la direction de ce coup semblait parallèle à la tête de colonne. Il était évident que nous allions enfin avoir à faire à l'artillerie de l'émir que nous avions vainement cherchée il y avait deux mois au combat de l'Afroun, et aussi depuis le combat du Sig. M. le maréchal gouverneur fit avancer la brigade Perregaux à sa gauche, tandis que le général Oudinot continua son mouvement sur la droite. Tout à coup l'avant-garde de ce dernier, composée des Zouaves et des voltigeurs du 2ᵉ léger, est arrêtée par le ravin dans lequel est embusquée une partie de l'infanterie régulière d'Abd-el-Kader, le reste étant posté derrière dans les tombeaux. L'artillerie de l'émir commence alors un feu très-lent, mais assez bien dirigé, tandis qu'en même temps de toute la lisière du bois de l'Habrah qui croise le cimetière de Sidi-Embarak, part un feu tellement vif qu'il eût été difficile de le supporter long-temps.

Ce fut un beau et terrible moment que celui où cette embuscade se révéla à l'improviste. La tête de la colonne où se trouvaient le maréchal gouverneur et le prince avec leurs officiers, exposée par trois côtés à la fusillade, servit aussi de point de mire à l'artillerie d'Abd-el-Kader. Un de ses boulets passant par-dessus l'état major, alla s'enterrer à une vingtaine de pas sur la gauche. De quelque côté que l'on tournât la vue, on n'apercevait que des masses d'Arabes qui avaient été toutes convergées sur ce point. Cette situation difficile ne pouvait se prolonger sans péril ou au moins sans une grande perte d'hommes. Il fallait la faire cesser promptement.

A la droite, les Zouaves et les voltigeurs du 2ᵉ et

du 17e légers débusquent l'ennemi du ravin qu'ils franchissent aussitôt pour aborder l'infanterie arabe postée dans le cimetière. Les fantassins de l'émir, étourdis par cette vive attaque, se débandent bientôt et s'enfuient en désordre; mais avant qu'ils puissent s'échapper, les Zouaves, conduits par les capitaines de Cuny, Mollière et le lieutenant Tixador leur tuent beaucoup de monde à la baïonnette. Le brave général Oudinot conduit lui-même ses troupes. Une balle l'atteint à la cuisse; cependant il veut continuer à combattre, et c'est avec peine que M. de Circé, son aide de camp, le décide à faire visiter sa blessure. (Le général Marbot le remplaça dans son commandement.) Une section d'artillerie de montagne commandée par le lieutenant Florence, tire sur les deux ou trois mille cavaliers qui protégent l'artillerie d'Abd-el-Kader, puis sur les pièces elles-mêmes qu'elle démonte, et dont elle fait taire le feu.

Pendant que la première brigade force ainsi le passage à droite, le général Perregaux fait attaquer le bois de l'Habrah par les voltigeurs du 17e léger et les trois compagnies d'élite du 10e léger, 13e et 63e régimens de ligne. Plusieurs des officiers de M. le maréchal gouverneur s'élancent à la tête des troupes; et Mgr le duc d'Orléans, n'écoutant que son ardeur et son courage, se jette lui-même au milieu de notre infanterie, l'excitant à bien faire par son propre exemple. Nos jeunes soldats, électrisés par la voix du fils de leur souverain, qui partage tous leurs dangers (le prince fut atteint d'une balle qui lui contusionna la cuisse), se rendent en un instant maîtres de la position sur laquelle s'appuyait la ligne des Arabes. L'artillerie dont M. le maréchal gouverneur dirige lui-même le feu, achève d'ébranler l'ennemi qui, à partir de ce moment, culbuté de toutes parts, abandonne à la hâte le champ de bataille sur lequel, malgré tous ses efforts, il est contraint de laisser ses morts, et même une partie de ses blessés.

Après ce combat, rien ne s'opposa plus à notre marche sur l'Habrah où nous arrivâmes à la nuit close. Notre bivouac fut établi partie sur la rive gauche et partie sur la rive droite de cette rivière qui est fort encaissée. L'eau n'y était pas très-profonde, et cependant il fut nécessaire d'y établir un pont. Le génie eut aussi à construire une rampe pour faciliter le passage aux prolonges. Il nous fut impossible de juger, à l'heure où nous étions arrivés, de la beauté du lieu où était assis notre camp ; mais le lendemain au réveil, nous trouvâmes qu'il était établi dans une espèce d'équerre formé par une gorge de l'Atlas. Le bois que nous avions longé toute la journée précédente, venait se terminer en pointe à l'ouest. De jolis marabouts entourés d'arbres fort élevés étaient placés sur la montagne à l'est et au pied. C'est en un mot un des plus jolis endroits où nous ayons campé.

Un seul regret restait après la glorieuse journée qui venait de s'écouler : c'était de ne pas avoir été chercher dans la montagne les pièces d'artillerie de l'émir; mais M. le maréchal gouverneur, auquel le général Oudinot fit demander un ordre à cet égard, dut considérer qu'il était alors presque nuit, qu'on ne pouvait trouver de l'eau qu'en atteignant la rive gauche de l'Habrah dont on était encore éloigné de deux lieues, et où nous n'arrivâmes en effet qu'à sept heures du soir. D'ailleurs, on était assuré de s'emparer de cette artillerie devant Mascara, et ce fut en effet dans cette ville que nous retrouvâmes les pièces abandonnées dans l'une des rues qui conduisent à la citadelle.

La position que l'on venait de prendre sur l'Habrah donnait la facilité de mieux étudier les chaînes nombreuses et accidentées de l'Atlas; il résulta de cette étude la conviction complète, qu'avec le secours des quatre compagnies du génie on surmonterait les difficultés du terrain, et qu'indépendamment du but de l'expédition qui se trouverait atteint on parviendrait à tracer jusque sur la cime de l'Atlas une route praticable aux voitures. Cet ouvrage qui établirait une communication par le chélif entre la province d'Oran et celle d'Alger, devait être encore un souvenir durable de la marche de l'armée française, dans une contrée regardée comme inaccessible.

Le colonel Lemercier reçut l'ordre de jeter un pont sur l'Habrah pendant la nuit, afin que l'infanterie ne fût pas obligée de passer à gué la rivière, que la cavalerie et les voitures pouvaient traverser facilement sans ce secours.

Le 4 décembre, à la pointe du jour toute l'armée se formait sur la rive droite de l'Habrah sous le feu de quelques centaines de cavaliers, que deux pièces de campagne contenaient à distance du bagage et de l'arrière-garde. Pendant que toutes ces choses s'exécutaient, Mgr le duc d'Orléans et M. le maréchal gouverneur, entourés de leurs officiers, s'avançaient à droite vers un marabout placé au pied de la montagne dans un endroit très-fourré, où l'on assurait avoir aperçu une grande quantité de fantassins embusqués. En effet, lorsqu'on se trouva assez rapproché de ce lieu, une vigoureuse décharge, dirigée particulièrement sur le groupe de l'état-major général, prouva que l'ennemi s'y trouvait en nombre. On remarqua avec étonnement d'abord, que les Arabes n'avaient pas fait feu sur des tirailleurs qui se trouvaient plus à leur portée et qu'ils avaient réservé leurs coups de fusil pour un ennemi plus important. Il paraît que pendant le combat de la veille, les Arabes d'Abd-el-Kader avaient demandé à ceux qui servaient avec nous (car c'est leur habitude de se parler tout en se tirant des coups de fusil), où était le fils du sultan des Français, et qu'il leur avait été répondu, que c'était le cavalier qui portait un bournous blanc. Comme le prince était le seul qui eût un manteau de cette couleur, il est très-probable que les fantassins embusqués avaient su parfaitement sur qui ils tiraient.

Les colonnes une fois formées, l'armée se mit en

marche suivie d'une foule d'Arabes qui, trompés par la direction que nous suivions et par des bruits dont ils avaient eu connaissance, nous criaient que nous allions à Mostaghanem, parce que nous avions peur de nous engager dans la montagne et parce que nous mourions déjà de faim. Malgré ces moqueries, la conduite de l'ennemi prouvait qu'il n'était pas tout-à-fait sûr de nos véritables intentions et qu'il avait quelque peine à croire que nous abandonnassions ainsi la partie, surtout après avoir été vainqueurs dans tous les combats qu'ils nous avaient livrés. Le corps qui menaçait notre arrière-garde s'était grossi considérablement à mesure que nous avancions dans la plaine, et une nombreuse cavalerie ainsi que l'infanterie régulière de l'émir longeait le pied de la montagne, se portant sur la route qui conduit de l'Habrah à Mascara, par les marabouts de Sidi-Ibrahim et Ouled-Sidi-Ibrahim.

Deux fois ces troupes indécises se rapprochèrent de nous sur la droite et deux fois on leur fit éprouver une grande perte par le canon. Cette arme meurtrière parcourant sans cesse la ligne de nos tirailleurs, frappait l'ennemi avec efficacité toutes les fois qu'il se présentait en groupes, et l'empêchait à tout instant de se rallier pour nous attaquer avec quelque chance de succès.

Un des momens les plus dramatiques de la campagne approchait. Il était une heure de l'après-midi, et nous venions d'arriver à la hauteur de la route de Mascara. M. le maréchal gouverneur aurait volontiers poussé plus loin avant d'attaquer la montagne; car la dépression des contre-forts qu'il pouvait alors apprécier lui faisait présumer qu'une pente plus douce devait offrir, en marchant encore deux heures, un accès beaucoup plus facile. Mais les Turcs et les Arabes ne comprennent rien à nos calculs stratégiques. Le bey Ibrahim et tous les guides assuraient qu'on ne pouvait aller que par la route tracée qu'ils suivent habituellement. M. le maréchal craignit de perdre un jour et il se décida à franchir la première chaîne de l'Atlas. Plus tard, en revenant, on eut la preuve positive de la justesse de ses conjectures sur une entrée plus accessible dans la montagne.

Tandis que l'arrière-garde commandée par le colonel Combes soutenait un combat assez vif avec les Arabes qui nous suivaient depuis l'Habrah, de nombreuses troupes ennemies occupaient le revers d'une gorge profonde par laquelle on commence à gravir la montagne. M. le maréchal gouverneur voulait attaquer promptement pour ne pas leur laisser le temps de s'établir d'une manière plus solide sur ce point qu'ils ne croyaient plus sérieusement menacé. Les ordres furent portés avec promptitude à toutes les brigades à la fois. Les généraux Marbot et Perregaux changèrent de direction par le flanc droit pour faire face à la montagne, et disposèrent en même temps les Zouaves et les compagnies d'élite chargés d'aborder l'ennemi en tirailleurs. Huit pièces de canon se portèrent rapidement en avant avec ordre d'ouvrir un feu soutenu, aussitôt que M. le maréchal donnerait le signal de l'attaque. Les équipages, les chameaux, tout le convoi de l'armée changèrent également de direction et vinrent serrer contre la colonne du général Perregaux, tandis que le général d'Arlanges ayant sous ses ordres le colonel Combes, se déployait face en arrière en bataille, pour couvrir et protéger le mouvement de flanc des deux premières brigades.

Cette manœuvre rapide et significative se fit avec un ensemble parfait; elle parut déconcerter les Arabes dont nous nous trouvions très-rapprochés. Ce mouvement général et combiné de tant d'hommes à la fois qui tout à coup marchèrent à eux, produisit un effet moral remarquable sur ces guerriers peu habitués à la tactique européenne. En ce moment, M. le maréchal gouverneur ordonna l'attaque. Aussitôt l'artillerie fit pleuvoir sur les deux revers de la gorge et dans la gorge même, une grêle de boulets et d'obus qui portèrent le désordre parmi les ennemis. Les tirailleurs au pas de course s'élancèrent sur les Arabes, et nos Zouaves, les apostrophant à leur tour, leur demandèrent s'ils croyaient maintenant que nous eussions renoncé à marcher sur Mascara. Les soldats d'Abd-el-Kader ne répondirent rien et se trouvèrent tellement interdits, qu'ils nous firent même grâce de leurs étourdissans cris de guerre, et que pour la première fois depuis que nous nous trouvions face à face avec eux, ils nous épargnèrent les épithètes intraduisibles (pour cause de bienséance) de *hallouf!* et de *tahane!*

En moins d'une demi-heure ce brillant coup de théâtre était exécuté, et nous étions maîtres de la route et des positions qui la dominent. Dans la plaine comme dans la montagne, l'ennemi, évidemment découragé et désormais bien convaincu de son impuissance, cessa de combattre, nous laissant librement franchir avec tous nos bagages la pente escarpée du haut de laquelle on descend dans une petite vallée où sont les marabouts de Sidi-Ibrahim. M. le maréchal gouverneur y plaça son quartier-général, et les troupes s'établirent au bivouac qui fut disposé d'après l'ordre de marche qu'on se proposait de faire suivre le lendemain aux différentes brigades.

Avant la nuit, M. le maréchal fit une reconnaissance dans les environs de la position qu'il occupait. On trouva sur un des mamelons de l'Atlas une maison délabrée qu'on nous dit appartenir au kaïd de Borgia et avoir été ruinée dans une guerre qui avait eu lieu deux ans auparavant. Le kaïd de Borgia dont il est ici question est celui qui domine sur les habitans de la plaine arrosée par le Sig et l'Habrah. Plus loin dans la montagne, on trouva un autre kaïd à El-Bordj (*la forteresse*; c'est ce lieu qui donne le nom à la puissante tribu des Borgia), et ce kaïd nous dit qu'il en existait un troisième de la même tribu dans une plaine au-delà de El-Bordj. Dans cette reconnaissance, on remarqua un assez grand nombre de matamores qui, selon l'ordinaire, furent exploitées par nos auxiliaires, que leur connaissance des localités met toujours à même d'arriver les premiers.

Quand on revint au bivouac, tous les feux étaient déjà allumés dans le vallon et sur les cimes environnantes, et l'aspect général était des plus agréables et des plus animés. Le marabout de Sidi-Ibrahim, placé au centre, est, comme tous les monumens de ce genre, un petit bâtiment carré surmonté d'un dôme qui ne prend jour que par une porte fort basse et par des ouvertures en forme de meurtrières pratiquées à la coupole. L'intérieur renfermait deux tombeaux, ce que l'on ne reconnaît que par la présence de deux pierres placées de champ, dont l'une est à la tête et l'autre aux pieds du défunt. Dans un coin se trouvait une longue perche au bout de laquelle était un chiffon blanc. Cet espèce d'étendard se trouve dans tous les marabouts. Dans l'épaisseur de chaque paroi on avait pratiqué un creux de forme carrée formant une armoire ouverte. Le second marabout était absolument semblable au premier. Les deux autres ne consistaient qu'en une enceinte en maçonnerie à hauteur d'appui. Ces trois derniers marabouts, qui s'appellent Ouleb-Sidi-Ibrahim, sont, comme le nom l'indique, consacrés aux enfans du saint principal. Autour de ces monumens pieux se trouvaient des arbres plantés en même temps qu'on les a élevés. Un de nos chameliers, qu'on nous dit être un marabout lui-même, vint se placer à cheval à un coin du bâtiment et commença une fervente prière qui se prolongea considérablement. Quand elle fut achevée, il vint demander avec instance au maréchal gouverneur de vouloir bien empêcher les soldats de couper les arbres en question, requête qui lui fut accordée avec d'autant plus de facilité que le bois était en abondance. Pour en finir avec ce qui concerne les marabouts, on fera remarquer que tous ne sont pas construits en maçonnerie et éblouissans de blancheur comme ceux dont il vient d'être question. Un carré ou un rond formé par des pierres avec l'étendard surmonté du chiffon suffisent chez les tribus pauvres pour indiquer au vrai croyant que là repose le corps d'un saint. Ceci rappelle qu'on a remarqué plusieurs fois, et notamment dans le lieu où se livra le combat de Sidi-Khorouf, des cabanes en feuillage ou simplement un cercle formé de pierres juxtaposées, au milieu desquelles un boulet était placé. On ignore si c'était la sépulture de quelque marabout mort sur le champ de bataille ou celle d'un guerrier ordinaire.

Comme paysage, notre bivouac de Sidi-Ibrahim était charmant; mais nous y manquions à peu près d'eau, et celle qu'il était possible de se procurer était fort saumâtre: elle provenait d'un ruisseau que l'on appelle indifféremment *Oued-el-Mélah* ou *Rio-Salado* (rivière salée), désignation qui, pour le malheur des voyageurs et des soldats, se reproduit fort souvent dans cette partie de l'Afrique. Il paraît qu'à une heure de marche dans la montagne on trouvait de meilleure eau; mais, pour se la procurer, il fallait courir le risque de faire de mauvaises rencontres, ce qui n'empêcha pas bon nombre de gens altérés d'y courir avec empressement aussitôt qu'ils en eurent connaissance.

L'ennemi nous laissa fort tranquilles. Un peu avant la nuit, nous l'avions aperçu filant au loin sur Mascara par la route de Aïn-Kébira, que nous devions suivre le lendemain. Des nouvelles contradictoires nous parvinrent sur son compte; d'après les unes, Abd-el-Kader était abandonné des siens et fugitif avec quelques hommes dévoués; selon les autres, il se disposait à nous tendre une nouvelle embuscade dans un passage des plus difficiles. En supposant que cette dernière version fût véritable, la nature du terrain commandait la plus grande circonspection.

En effet, nous avions à franchir environ six lieues de montagnes; et non seulement les diverses chaînes s'élèvent successivement jusque dans la région des nuages, mais chacune des pentes est tellement tourmentée et coupée de ravins très-profonds que c'est une chose qui excite l'étonnement de ceux-là même qui ont fait long-temps la guerre dans les parties les plus difficiles des Alpes et des Pyrénées.

La nature des localités et la crainte d'avoir à traîner après soi un grand nombre de blessés dont les éventualités n'auraient pas toujours permis de garantir le transport, et par conséquent la vie, exigeaient impérieusement de ne pas chercher à atteindre promptement le but par des attaques de vive force; la prudence et l'humanité faisaient un devoir, au contraire, de se résigner à ne marcher que lentement, à beaucoup manœuvrer, système dont on avait déjà vu les bons effets sur le moral des Arabes, qui sont prompts à se décourager lorsqu'ils se voient forcés à un genre de guerre qui est tout-à-fait hors de leurs habitudes et de leur caractère. C'est aussi la ligne de conduite que M. le maréchal gouverneur adopta.

Le 5, il ordonna au colonel Combes, qui protégeait le convoi, de prendre la route qui serpente dans la montagne en suivant les gorges et les revers les moins rapides. Le général d'Arlanges faisait l'arrière-garde; le général Perregaux flanquait la colonne sur la gauche en marchant sur les crêtes qui dominent la route de ce côté. M. le maréchal gouverneur se porta avec le général Marbot tout-à-fait à droite et toujours en avant des bagages, en sorte que l'ennemi ne pouvait pas prendre position en avant de la colonne qui parcourait la route tracée, sans être vu à dos et sans que l'on fût en mesure de le prendre à revers.

Les Arabes, étrangers à tout calcul stratégique, à toute manœuvre de ce genre, ne pouvaient rien contre ces précautions qui, il est vrai, ralentissaient beaucoup notre marche, mais qui avaient l'immense avantage de nous assurer le passage de toute la montagne sans que nous pussions être forcés d'en venir à aucun engagement sérieux.

Dans ce terrain difficile, les fatigues et les souffrances allaient augmenter pour les troupes qui, depuis l'Habrah, n'avaient trouvé que très-peu d'une eau mauvaise et malsaine. Aussi M. le maréchal gouverneur désirait atteindre *Aïn-Kebira* (la grande source), où se trouvent des fontaines qu'on disait assez abondantes pour fournir aux besoins de l'armée. Mais divers obstacles de terrain, qu'il fallut aplanir, retinrent long-temps les brigades Combes et d'Arlanges. Le général Perregaux put seul arriver jusqu'à Aïn-Kebira. M. le maréchal et le prince jugèrent nécessaire de s'arrêter à une lieue en arrière pour garantir le convoi de l'armée contre toute chance fâcheuse, et ils établirent leur quartier-général sur un mamelon qui domine la route à côté du marabout de Sidi.

Les Arabes nous laissèrent à peu près tranquilles durant toute cette journée, et la fameuse embuscade dont on nous avait menacés n'eut pas lieu. Dans deux circonstances seulement ils nous révélèrent leur présence par quelques actes d'hostilité dont on ne rapporte le premier que parce qu'il donne une idée de l'audace de ces cavaliers et de l'adresse de quelques uns d'entre eux.

L'état-major général s'était arrêté un instant sur une petite plate-forme qui surmontait un rocher faisant partie des montagnes des Béni-Chougran; un Arabe à cheval se promenait seul à bonne portée de fusil au milieu de quelques broussailles. D'après la configuration du terrain, il pouvait craindre d'être surpris à chaque instant ou tout au moins de devenir un point de mire pour les soldats qui se trouvaient dans les environs. Nous le vîmes s'approcher de nous peu à peu, puis s'arrêter et tirer un coup de fusil qui blessa un fantassin. Une seconde fois il revint à la charge, et sa balle traversa le pantalon d'un chasseur de l'escorte au-devant de la jambe, sans cependant lui faire aucun mal. Enfin une dernière fois il vint encore faire feu, et la balle passa entre les jambes du cheval d'une des personnes de la suite du maréchal, laboura la terre dans son trajet, et alla se perdre dans un buisson. Les fantassins et les chasseurs ayant riposté à son feu, il finit par s'éloigner. Au reste, ce qui explique comment les Arabes atteignent à de grandes distances, c'est la manière dont ils tirent : au lieu d'ajuster à ceinture d'homme, ils visent souvent au-dessus de la tête, de sorte que leurs balles, après avoir décrit une espèce de parabole, et au moment où elles ont presque perdu la force que l'explosion de la poudre leur a communiquée, peuvent encore arriver à une portée que notre manière de tirer ne nous permet pas d'atteindre.

Le second acte d'hostilité des Arabes fut plus sérieux que celui qui vient d'être rapporté. Des cavaliers et des fantassins, placés sur une colline des Béni-Chougran et dans la plus belle position qu'on puisse imaginer pour la défense, se trouvaient sur la route que nous devions suivre; on croyait même qu'ils avaient du canon, mais on reconnut plus tard qu'on s'était trompé. Comme ils paraissaient disposés à disputer le passage à la colonne Marbot qui les débordait toujours, M. le maréchal gouverneur les fit attaquer par les Zouaves du capitaine Cuny et par des voltigeurs du 2e léger commandés par le capitaine Digonnet. Le chef de bataillon Lamoricière dirigeait le mouvement. Nos braves troupes débusquèrent l'ennemi au pas de course et ne lui laissèrent pas même le temps d'emporter ses blessés et ses morts. M. le duc d'Orléans, sous les yeux duquel ce fait d'armes avait été exécuté, félicita les soldats de leur bravoure. Il fit donner une récompense à un Zouave nommé Humbert, qui avait tué un ennemi et avait rapporté ses armes. Le prince fut étonné de l'agilité, de la bravoure et de l'adresse de cette infanterie remarquable, et il leur en témoigna toute sa satisfaction, ainsi qu'à leur digne chef le commandant Lamoricière.

Ce fut le dernier combat. Les Arabes, découragés de leurs défaites continuelles, ne se remontrèrent plus; et, à l'exception de quelques pillards, oiseaux de proie qui s'attachent à toutes les armées, nous ne revîmes plus l'ennemi. On ne peut donner ce nom à quarante ou cinquante maraudeurs qui nous suivirent dans différentes circonstances, et notamment pendant la marche pénible que nous fîmes au retour. Entre El-Bordj et Sidi-Ibrahim, nous apprîmes qu'Abd-el-Kader était en effet abandonné, comme on nous l'avait dit, et qu'il était même devenu l'objet des insultes de ceux qui tremblaient devant lui au temps de sa puissance. Un chef des Béni-Achem avait arraché de dessus sa tête le parasol, emblème de son pouvoir souverain, et lui avait adressé ces insolentes paroles : *Je te le rendrai quand tu seras redevenu sultan.*

Le bivouac du marabout de Sidi, en arrière de Aïn-Kébira, présentait à peu près tous les inconvéniens inhérens à la plupart des bivouacs d'Afrique. Nous manquions d'eau et de bois. Cependant, pour le premier article, les fantassins, renommés pour leur habileté à découvrir les puits, les sources et la moindre flaque, parvinrent à en trouver d'assez bonne à peu de distance. Comme nous campions dans un village arabe, il était assez probable que l'eau n'était pas fort éloignée; mais souvent, avec cette probabilité, nous avons dû nous en passer. Autour du quartier-général se trouvaient une douzaine de grandes huttes en branchage couvertes de paille et assez bien garanties des intempéries; elles étaient entourées de haies de figuiers de Barbarie, au milieu desquels on trouva des silos pleins de paille et d'orge, et beaucoup de mouches à miel. Sur la montagne qui nous faisait face, au nord, nous apercevions les habitans des maisons dans lesquelles nous nous étions établis sans façon.

Ils nous regardaient disposer de leurs propriétés, et ils durent passer la nuit à la belle étoile, autour d'un maigre feu, tandis que plusieurs d'entre nous, à l'abri sous leur chaume, trouvaient de la chaleur et du repos. Au reste, ils eurent une petite consolation ; ceux des soldats qui n'avaient pu profiter du bénéfice des cabanes vinrent successivement dans la nuit enlever les poteaux qui soutenaient les toits, pour alimenter le feu de leur bivouac. Peu à peu les maisons se démolirent, et ceux qui s'étaient endormis bien abrités furent tout étonnés, en s'éveillant, de se trouver *sub Jove frigido*.

Le 6 décembre, à sept heures du matin, les compagnies du génie ayant rendu la route praticable jusqu'à Aïn-Kébira, toutes les brigades s'y trouvèrent de bonne heure. M. le maréchal gouverneur qui s'était porté avec l'avant-garde jusqu'au village de El-Bordj, apprit que des scènes de meurtres et de pillage venaient de se passer à Mascara, où l'émir n'avait pas voulu entrer lorsqu'il s'était retiré chez les Béni-Achem. On fit une halte en ce lieu dans une plantation de figuiers, et le kaïd de El-Bordj, accompagné d'une dizaine de cavaliers de sa tribu, qui ainsi que lui nous avaient combattus deux jours auparavant, vint y voir M. le maréchal gouverneur. La position était embarrassante, et il faut avouer que le kaïd s'en tira avec beaucoup de dignité, avec une certaine fierté même, qui ne pouvait avoir aucun danger vis-à-vis d'un ennemi généreux. Il avoua nous avoir tiré des coups de fusil, et prétendit qu'il y avait été forcé par l'émir qui l'avait menacé de saccager encore une fois son village comme il l'avait déjà fait. On lui demanda de l'eau; il ne pouvait en apporter, disait-il, parce que les gens d'Abd-el-Kader avaient enlevé tous leurs vases et leurs effets au moment de leur retraite. On lui demanda des renseignemens sur la position d'Abd-el-Kader, et il en donna de contraires à ceux qu'on avait déjà et à la vérité; car il assura qu'Abd-el-Kader n'était qu'à une demi-heure de marche sur la route de Mascara avec environ quatre mille hommes, et qu'il se disposait à nous attaquer.

C'était une nouvelle édition de l'embuscade dont on nous avait déjà menacés, et dont on devait nous menacer encore plus d'une fois.

Avant de reprendre la route de Mascara, donnons quelque attention au village de El-Bordj, qu'on ne remarquerait pas en France, mais qui, en Afrique, a une certaine importance.

En descendant la cime la plus élevée de l'Atlas et avant d'arriver au terrain ondulé qui conduit à Mascara, on trouve une vallée de forme irrégulière. Dans un recoin de cette vallée, adossé à une forte montagne et entre deux mamelons sur chacun desquels est un marabout, on trouve un village qu'on appelle El-Bordj (*la Forteresse*, à cause d'un fort dont on voit encore les ruines). Quelques centaines de huttes en paille, basses, assez grandes, au-devant desquelles est une cour entourée d'une haie et dans laquelle sont les silos; quelques maisons en maçonnerie, une belle mosquée et une casbah en ruine détruite il y a deux ans par Abd-el-Kader, voilà ce qui compose le premier lieu habité que nous eussions vu depuis Oran.

De El-Bordj à Mascara il n'y avait plus que cinq heures de marche, et quoique la journée fût avancée, on résolut de s'y porter ce jour même par une marche forcée.

M. le maréchal gouverneur fit arriver promptement la brigade Perregaux, et dès qu'elle fut réunie au général Marbot, il continua sa route sur Mascara. Il ordonna au général d'Arlanges, sous les ordres duquel le colonel Combes fut placé, de rester à la garde du convoi qui ne pouvait pas employer moins de la journée entière à franchir la distance qui sépare Aïn-Kébira de El-Bordj, bien qu'elle ne soit que d'une lieue seulement; mais les difficultés devenaient grandes pour gagner ce point culminant de l'Atlas. Il avait été prescrit au colonel du génie Lemercier de rendre le chemin entièrement praticable aux voitures; car on voulait que notre but fût complètement atteint.

El-Bordj, en partant comme en revenant, nous a toujours été défavorable sous le rapport du temps. A peine eut-on commencé à s'engager dans le terrain ondulé qui conduit à Mascara, qu'un brouillard épais et glacial environna l'armée et ne cessa que pour faire place à une pluie battante. Malgré cet obstacle, l'armée continua sa marche ayant en tête les troupes du bey Ibrahim. Pour empêcher les désordres que nos auxiliaires auraient pu être tentés de commettre dans la ville, le colonel l'Etang reçut l'ordre de prendre les devans avec un escadron du 2e chasseurs et les spahis réguliers, afin de s'emparer des portes et de faire la police de la ville jusqu'à l'arrivée des troupes françaises.

Vers quatre heures de l'après-dînée on commença à s'apercevoir qu'on approchait d'une ville assez importante. Les terrains cultivés, les nombreuses plantations de figuiers et de vignes, les jardins assez bien entretenus, tout l'annonçait.

Une heure après, Son Altesse Royale et M. le maréchal gouverneur faisaient leur entrée dans Mascara, et le tableau qui s'offrit alors aux yeux de tous convainquit de la vérité des rapports reçus précédemment sur l'état de la ville. La nuit qui commençait à se fermer, la pluie qui tombait abondamment, la boue des rues sales et étroites qu'il fallut d'abord traverser, contribuaient encore à rendre plus poignant le triste spectacle qui se manifestait graduellement aux regards. Une ville à peu près déserte et le petit nombre de figures humaines qu'on y apercevait ressemblant plutôt à des spectres qu'à des hommes; des femmes, pâles, échevelées, à peine couvertes par quelques haillons, portant encore la trace de la brutalité des Arabes. Ces malheureux nous saluaient avec autant de joie que leur souffrance leur permettait d'en éprouver, et paraissaient nous regarder comme leurs libérateurs. Là nous apprîmes qu'en effet les soldats d'Abd-el-Kader, en revenant du combat de l'Habrah, avaient passé par Mascara, avaient obligé la population maure d'évacuer et avaient pillé tout le monde indistinctement; mais les Juifs avaient eu plus particulièrement à souffrir; une soixantaine avaient été tués, un grand nombre de femmes et d'enfans emmenés. En cherchant des logemens pour M. le maréchal gouverneur, on entra dans une maison où se trouvaient deux femmes couvertes de blessures, gisant à côté d'une troisième qui était morte; et on apprit par ceux qui les entouraient que toutes les victimes des scènes de carnage qui venaient d'avoir lieu dans Mascara étaient encore, les morts sans sépulture et les blessés sans secours.

Dans cette catastrophe la famille d'Abd-el-Kader lui-même n'avait pas été épargnée, et sa femme avait eu ses pendans d'oreille arrachés par les propres soldats de son mari. En un mot, dans cette ville infortunée où le feu consumait un assez grand nombre de maisons, il ne restait plus que sept à huit cents juifs, tremblans et consternés, qui offraient un spectacle de misère et de douleur que l'imagination a peine à concevoir.

C'est au milieu de ce triste cortége que le prince et le maréchal allèrent établir leur quartier-général à l'extrémité de la ville, dans la maison même de l'émir, auprès de Bab-el-Cherg (*porte de l'Orient*). C'était là qu'Abd-el-Kader tenait sa famille; mais c'était à la maison du beylik qu'il se rendait pour rendre la justice et exercer les autres actes de souveraineté.

La maison particulière de l'émir ne diffère en rien des habitations mauresques d'Alger et du reste de la régence, si ce n'est qu'elle est couverte avec des tuiles à l'italienne. Elle n'a qu'un étage. Au milieu de la cour, qui est pavée en marbre, il y a un bassin de même matière, d'où s'échappe un jet d'eau. Elle est fort simple, et il n'y a guère de remarquable que deux plafonds assez jolis en bois peint. A celui de la chambre où logeait le maréchal avec ses officiers, était suspendu un nid d'hirondelles. Ces oiseaux et le chat de l'émir étaient les seuls êtres vivans qu'il y eût en cette maison, encore ce dernier devint-il bientôt la proie de quelques soldats affamés.

Aussitôt après son arrivée à Mascara, M. le maréchal gouverneur adressa la proclamation suivante à l'armée :

« Mascara, le 7 décembre 1835.

« SOLDATS,

« Vous avez pleinement justifié ma confiance et dépassé le but que je vous avais proposé.

« Le 1er décembre vous avez vaillamment combattu à la reconnaissance de Gory del Sig, et dans votre ardeur vous avez enlevé le camp ennemi, lorsque nous ne nous en approchions que pour juger de sa position et du nombre de troupes qu'il pouvait contenir.

« Le 3, vous avez enlevé celui de l'émir qui a fui devant vous, et qui, malgré sa valeur personnelle, n'a pu empêcher ses troupes de se disperser dans la montagne.

« Le même jour, à Sidi-Embarak, lorsque vous fûtes entourés par une nombreuse cavalerie, lorsque vous étiez exposés au feu de l'artillerie d'Abd-el-Kader, vous avez fait fuir encore ses troupes embusquées derrière un obstacle naturel que vous aviez eu le temps à peine d'apercevoir, emportés par un noble élan. Ce soir même vous vous êtes établis sur l'Habrah.

« Le 4, vous avez attaqué à Ouled-Sidi-Ibrahim, sur les contre-forts de l'Atlas l'infanterie de l'émir.

« Il a suffi de votre approche pour la mettre en fuite.

« Le 5, vous avez enlevé en quelques minutes une forte position occupée par un assez grand nombre d'ennemis, auquel vous avez fait éprouver une perte notable.

« Enfin le 6, vous êtes entrés en vainqueurs dans Mascara que l'émir, abondonné, insulté par les siens, n'a pas osé défendre.

« Ainsi en quelques jours s'est évanouie devant vous cette puissance, qu'on représentait déjà comme formidable et qui ne reposait pourtant sur aucune base solide, ainsi que les événemens l'ont démontré.

« Soldats, vous avez combattu sous les yeux du prince royal; il dira au roi avec votre général en chef vos brillans exploits; et la France et le roi seront contens de vous; vous recevrez alors la juste récompense que vous venez de mériter.

« Le gouverneur général,

« *Signé*, le maréchal comte CLAUZEL. »

L'heure avancée à laquelle on entra dans la ville, l'absence des chameaux qui portaient les vivres et qui restèrent avec le convoi, nous mirent d'abord dans un grand embarras. En outre, nous étions au samedi, jour que les juifs consacrent au repos; cependant l'espoir de gagner de l'argent l'emporta sur les scrupules religieux, et ils nous apportèrent du pain, des gâteaux de figues assez bons, de mauvaises olives et du vin blanc passable. Le lendemain on eut de tout en abondance. Une multitude de pigeons planait sur les maisons de la ville; ils servirent à nous alimenter. On nous amena des moutons, des veaux, des bœufs; bref, on ne manqua de rien.

Quand le jour fut venu, chacun se mit à parcourir la ville qu'on n'avait pas eu le temps de voir la veille. Mascara présente la forme d'un carré rectangle un peu irrégulier. En venant d'Oran, on passe entre deux faubourgs remplis de maisons en chaume, dont l'un à gauche s'appelle Baba-Ali, et l'autre à droite Argoub-Ismaïl [1]. On entre par Bab-el-Gharb (*porte de l'Ouest*), et après avoir traversé une rue tortueuse et passablement sale, garnie de petites boutiques à droite et à gauche semblables en tout point à celles d'Oran et d'Alger, on arrive à une place longue et étroite sur laquelle est l'entrée de Bord-el-Nuba (*fort de Nuba*). A côté se trouve une mosquée assez belle où il y avait des tombeaux en marbre noir bien sculptés, chargés d'inscriptions et surmontés de jolis lustres que les Arabes ont brisés. En continuant de suivre cette place, on arrive après quelques détours à la maison particulière d'Abd-el-Kader, située à l'extrémité orientale de la ville. A peu près au centre de Mascara est l'ancien palais des beys et les magasins publics. C'est là qu'Ibrahim s'établit en arrivant. Les magasins étaient remplis de blé, d'orge, de soufre et de biscuit. Toute la ville est entourée d'une muraille de 18 à 25 pieds de hauteur et d'une épaisseur d'une toise à la base. Il y a dans cette muraille quelques tours à plate-forme pouvant recevoir deux à trois pièces. On trouva 22 canons en tout, en comprenant dans ce nombre les pièces qui avaient été employées contre nous au combat de l'Habrah. On retrouva l'obusier laissé à la Macta et quelques prolonges qui furent brûlées sur la place.

En somme, Mascara paraît susceptible de conte-

[1] Ce dernier faubourg n'est séparé de la ville que par un ravin dans lequel coule le Oued-Tourdman (*rivière de Tourdman*).

nir huit à dix mille âmes, quoique au premier abord son étendue fasse croire qu'il pourrait y en avoir davantage. Mais il est à considérer que la plupart des maisons n'ont qu'un rez-de-chaussée et qu'il n'y en a pas une qui dépasse un premier étage.

Malgré les différens pillages exercés dans cette malheureuse ville, on pouvait se convaincre en parcourant les maisons abandonnées que les habitans devaient jouir en général d'une certaine aisance. Presque partout on trouvait d'énormes paniers en sparterie, ayant la forme et la dimension de nos grandes fontaines en grès de France et remplis d'un blé magnifique ainsi que d'orge. Il y avait en outre du bois, du charbon, des olives, des gâteaux de figues ayant la forme de nos grands fromages de Gruyère.

Mais ce qui indiquait une ville d'une certaine importance, c'est la quantité de manuscrits qu'on y a trouvés. Malheureusement les Arabes, avant de partir, les avaient déchirés presque tous et en avaient dispersé les feuillets. On ne put en réunir qu'une quarantaine de complets qui furent destinés à la bibliothèque d'Alger. Ces recherches furent secondées par le commandant Lamoricière, le capitaine des Zouaves, Cuny, et M. Brahimcha, interprète du général d'Arlanges, qui comprirent que l'on travaillait pour enrichir un établissement d'utilité générale. D'autres personnes, entre les mains desquelles des manuscrits intéressans sont tombés, n'ont pas suivi ce généreux exemple. Elles ont préféré garder pour elles, et par-là condamner à être presque inutile ce qui, placé dans un dépôt public, eût servi à tout le monde.

Au nombre des pièces intéressantes que l'on parvint ainsi à rassembler étaient : Une chrestomathie arabe d'une exécution calligraphique remarquable; un dictionnaire arabe; des ouvrages de jurisprudence musulmane, dont plusieurs traités sur les ventes et les achats; des commentaires sur la loi de Mahomet et autres ouvrages religieux; des commentaires sur la grammaire arabe; un traité d'histoire naturelle; la vie de Mahomet; deux exemplaires du Coran; un livre de compte d'Abd-el-Kader, un grand nombre de ses titres de propriété que l'on avait découverts dans ces ouvertures par lesquelles les chambres reçoivent l'air et le jour de la galerie. On verra plus tard comment les hasards de la guerre nous ont fait perdre une partie de ces richesses. Presque tous ces manuscrits furent enfermés dans une malle prise à un officier supérieur français au combat de la Macta et que nous avions retrouvée à Mascara. M. le sous-intendant militaire de Guiroye accorda un chameau pour porter ce précieux bagage.

Un séjour de deux ou trois jours à Mascara suffit pour faire reconnaître son peu d'importance, dans l'état où les Arabes l'avaient laissée, et combien il serait difficile d'établir avec le bey Ibrahim des communications promptes et faciles pour le commerce comme pour la guerre. Lorsqu'on vit les principaux d'entre les juifs venir supplier qu'on les emmenât avec l'armée, on sentit qu'il était impossible d'établir un gouvernement dans une ville sans population. M. le maréchal gouverneur forma alors le projet de transporter le beylik de la province d'Oran à Mostaghanem, place fortifiée, où l'on pourrait donner aux juifs de Mascara des maisons aujourd'hui inhabitées, ainsi qu'aux soldats d'Ibrahim. On voyait en outre dans cette mesure l'avantage de pouvoir plus tard retirer de Mostaghanem la garnison de huit cents hommes que la France y entretient depuis la conquête.

Ces desseins une fois arrêtés, on laissa reposer les troupes pendant les trois jours qu'on employa à détruire par la mine et le feu les établissemens militaires d'Abd-el-Kader et ses magasins fort bien approvisionnés, comme il a déjà été dit. On fit enlever l'obusier de la Macta, et on mit hors de service les vingt-deux pièces dont la ville et le fort étaient armés.

Le général d'Arlanges, qui s'était avancé à El-Bordj avec tout son convoi, reçut l'ordre de rétrograder jusqu'à Sidi-Ibrahim, et de nous y attendre. Enfin, le 9 décembre on quitta Mascara, suivi par les juifs et les Arabes douaiers et smélas qui habitaient la ville. Ces derniers ne voulant pas que leurs maisons, qu'ils abandonnaient, pussent être d'aucun usage à leurs ennemis, y mirent le feu avant de partir. Ces incendies particuliers, ceux des établissemens publics, ne tardèrent pas à s'étendre aux autres propriétés, et bientôt Mascara tout entier fut en flammes. La rapidité avec laquelle celles-ci se propagèrent fut tellement grande, que le prince, le maréchal et leur suite furent obligés d'abandonner précipitamment la maison d'Abd-el-Kader, qui était devenue comme les autres la proie du feu qui dévorait tout. Il ne reste probablement en ce moment de cette demeure que la fenêtre peinte que Mgr le duc d'Orléans fit emporter, et qu'il se propose de placer aux Tuileries. Le pauvre prince des croyans (*Emir-el-Moumenin*) ne se doutait guère qu'une de ses croisées irait un jour orner le palais des rois de France !

Au milieu de cette catastrophe, l'évacuation s'exécuta. Elle dut nécessairement avoir lieu avec un peu de précipitation. Une jeune fille et un militaire blessé furent d'abord laissés; mais le gendarme Saint-Cricq, au péril de sa vie, alla les chercher, et les ramena sains et saufs. Mgr le duc d'Orléans, qui n'a jamais manqué l'occasion, pendant la campagne, de récompenser les belles actions, n'oublia pas ce brave militaire. Dans cette circonstance un autre gendarme, Clairdeloy, mérita aussi les éloges du prince.

Arrivés au sommet de la colline qui domine Mascara, on fit une halte; et c'est alors que l'on eut un terrible spectacle, celui de cette ville enflammée de tous côtés et d'où s'échappaient des tourbillons d'une fumée noirâtre qui se mariait très-bien avec l'horizon rembruni qui nous entourait. Mais ce qui ajoutait à ce que ce tableau présentait de lugubre, c'était l'émigration des juifs.

Qu'on se figure des femmes pieds nus portant leurs enfans sur leurs épaules, des vieillards se traînant à peine; car c'était là ce qui composait cette caravane en grande partie, marchant péniblement sur une route détrempée par la pluie qui avait tombé les jours précédens, et qui recommençait à tomber encore. Et quand on pensait que ces malheureux devaient franchir ainsi la distance qui nous séparait de Mostaghanem, et courir les chances de trois bivouacs et de quatre jours de marche, on se sentait pénétré de tristesse. Les plus riches d'entre eux avaient loué à des prix exorbitans quelques uns des chameaux qui ne se trouvaient pas chargés, et y avaient placé tout ce qu'il leur avait été possible d'emporter de Mascara. Aux malheurs qu'ils avaient déjà éprouvés, à ceux qui les attendaient dans la route, devait s'en joindre un plus douloureux encore. L'armée française était suivie, dès Oran, par un grand nombre d'Israélites, les uns venus comme domestiques, les autres comme guides ou brocanteurs, la plupart pour profiter du désordre. A notre entrée dans Mascara, les juifs de cette ville avaient accueilli leurs co-religionnaires aussi bien qu'il leur avait été possible. Les voyant avec nous, ils les regardaient comme une espèce de protection. Beaucoup leur confièrent de l'argent, des bijoux, ce qu'ils avaient de plus précieux. Quand le jour de la restitution fut arrivé, les dépositaires nièrent effrontément le dépôt, et les pauvres juifs de Mascara, désespérés de cette insigne mauvaise foi, maudirent plus ceux qu'ils avaient appelés leurs frères qu'ils n'avaient maudit les soldats de l'émir.

On arriva de bonne heure ce même jour à El-Bordj, et sans voir d'autres ennemis qu'une quinzaine de cavaliers qui suivirent la colonne pour faire quelque butin ou couper quelques têtes. Mais le brave commandant Lamoricière leur donna une si rude leçon, qu'ils se dégoûtèrent bientôt de la poursuite. Profitant habilement d'un accident de terrain qui le dérobait à l'ennemi, il plaça trente Zouaves à plat-ventre dans des broussailles, en deux embuscades peu éloignées l'une de l'autre. Les Arabes, arrivés sur le rideau, et voyant l'arrière-garde marcher, n'apercevant en tout qu'un cavalier resté en arrière (c'était le commandant Lamoricière), continuèrent de suivre. Ils eurent bientôt dépassé la première embuscade : quand ils furent à bonne portée, les Zouaves se relevèrent tout-à-coup, et leur firent une décharge qui en tua quatre sur la place, et blessa plusieurs chevaux. Le reste de la bande disparut pour ne plus revenir.

Aussitôt que les gens de El-Bordj nous virent arriver, ils se retirèrent, comme la première fois, dans la montagne qui est derrière leur village, et près des deux marabouts placés sur les deux mamelons qui sont à côté. M. le maréchal gouverneur envoya un des officiers du prince, avec M. l'interprète de première classe Muller, pour leur dire que leur présence sur ces mamelons ayant quelque chose d'hostile, il leur enjoignait de descendre dans leur village, où il ne leur serait fait aucun mal, ou bien de se retirer ailleurs. Ils répondirent qu'il ne leur était pas possible de nous empêcher d'entrer chez eux, mais que cependant c'était tout-à-fait contre leur gré qu'ils nous y verraient. M. le maréchal, pour toute réplique, et pour couper court aux négociations, fit avancer les chasseurs à cheval sur un des mamelons, et une compagnie d'infanterie sur l'autre, démonstration qui suffit pour faire disparaître tous les Arabes, qui ne tirèrent pas un seul coup de fusil.

On prit donc paisiblement possession de El-Bordj et le quartier général s'installa dans la mosquée où il ne trouva autre chose qu'une espèce de chaire à prêcher qui fut sur-le-champ convertie en table pour écrire et manger. Des traces de feux de bivouac dans l'intérieur de la mosquée témoignèrent que les Arabes y avaient séjourné peu de temps auparavant. Au bout de quelques heures, des Borgia vinrent vendre des denrées ; car ces gens savent parfaitement mener de front le commerce et la guerre. La même main dans laquelle vous venez de déposer pacifiquement le prix d'une poule ou d'un mouton, va à deux cents pas de là lâcher la détente d'un fusil qui peut-être vous logera une balle dans le corps. Si l'Arabe déteste le Roumi (chrétien), en revanche, il aime beaucoup son argent ; c'est ce qui explique ce que sa conduite envers nous peut avoir d'étrange au premier aspect.

Après ces premières relations commerciales, les Borgia offrirent un mouton au prince, et un petit cheval blanc au maréchal gouverneur. Ils amenèrent un très-beau bœuf qu'ils vendirent à l'administration, et promirent d'en amener cent le lendemain matin; mais ils ne tinrent pas parole.

Le 10, les troupes prirent la route du marabout de Sidi-Ibrahim où campait déjà le reste de l'armée. Des épreuves plus difficiles que celles des combats attendaient nos jeunes soldats dans cette journée qui a laissé des souvenirs ineffaçables dans l'esprit de tous ceux qui ont été témoins des événemens qui l'ont signalée. Depuis plusieurs jours des averses continuelles avaient augmenté d'une manière incroyable les difficultés que la route que nous avions à parcourir présentait déjà par un temps séc. Les profondes couches d'argile qui constituent ce terrain, imprégnées de l'eau des pluies, n'étaient guère plus praticables que le marais le plus fangeux; et si on ajoute à cette circonstance que la route en question offre à chaque instant des montées et des descentes d'une rapidité extraordinaire, qu'elle est semée de fragmens de rochers, et qu'indépendamment de son peu de largeur, elle est bornée à droite et à gauche par de profonds ravins, on pourra se faire une faible idée des difficultés qu'une armée assez nombreuse et presque entièrement composée d'infanterie, allait avoir à surmonter. En outre, tous les transports se faisant à dos de chameaux, et ces animaux, excellens dans les terrains sablonneux et secs, ne pouvant tenir pied et s'abattant à toute minute dans cette glaise, cela constituait encore une complication des plus défavorables.

A peine les dernières troupes s'étaient-elles éloignées de El-Bordj, que quelques pillards, sans doute habitans de ce village, commencèrent à descendre des montagnes, et ne tardèrent pas à tirer quelques coups de fusil. Ces démonstrations hostiles étaient fort peu de chose en elles-mêmes; mais elles devenaient incommodes dans la marche difficile qui nous attendait.

Quand on fut arrivé au sommet de l'Atlas, un brouillard épais commença à envelopper l'armée. Une forte grêle le suivit de près, et ne cessa que pour faire place à une pluie abondante et glaciale. Un tableau de misère et de souffrances que les hommes les plus fermes ne pouvaient contempler sans émotion, se déroula alors à nos yeux. La malheureuse population juive, qui avait déjà eu tant de peine à franchir la veille la distance courte et facile qui sépare Mascara de El-Bordj, s'engageait dans l'affreux chemin dont il vient d'être parlé, dans le moment où les élémens semblaient conjurés contre nous. On aurait cru, comme le disaient les soldats, que c'était Mahomet qui voulait venger la défaite de ses enfans. Incapables de résister à une si cruelle épreuve, les juifs, déjà épuisés par la marche de la veille et par une nuit passée au bivouac par une pluie battante, tombaient à tout moment, et ne se relevaient que pour tomber de nouveau. Des chameaux, ne pouvant se soutenir dans cette terre glissante, roulaient dans les précipices qui bordent l'étroit sentier, et parfois écrasaient dans leur chute des femmes et des enfans placés sur leur dos. On a vu dans cet affreux moment des êtres humains si profondément ensevelis dans la boue, qu'il était impossible de reconnaître autrement que par le mouvement de la vase où ils s'agitaient, la place où ils venaient de tomber. Les sentimens les plus puissans et les plus sacrés semblaient totalement éteints par l'excès du danger et de la misère chez ces malheureux qui oubliaient tout ce qu'ils avaient de plus cher pour ne penser qu'à leur conservation personnelle. Des pères voyaient d'un œil sec leur famille s'engloutir devant eux, et sans chercher à la secourir, ne s'occupaient que d'éviter de partager son sort. Il faut renoncer à peindre cette scène de désolation; mais on pourra en concevoir toute l'étendue et la force, en sachant que dans une armée où se trouvaient nombre d'hommes que trente années de service et plus avaient bien familiarisés avec les misères humaines, il ne s'en trouva pas un qui ne convînt qu'il n'avait jamais vu rien de semblable.

Ce désastre donna l'occasion de faire quelques remarques singulières. Dans le nombre des malheureux qui se traînaient sur cette route fatale, était le Turc amputé du bras, dont on a déjà parlé. Il se refusa à toutes les instances de ceux qui voulaient le faire monter sur les cacolets (siége à dos de mulet), et persista à aller à pied. Malgré des chutes continuelles et dangereuses, il continua sa route et arriva sans accident sérieux. Tout le monde avait remarqué au sortir de Mascara un vieux juif, petit et contrefait, amputé d'une cuisse, qui se traînait sur deux béquilles, et chacun avait prédit qu'il n'arriverait même pas à El-Bordj. Hé bien! en dépit de ces fâcheux pronostics, cet homme parvint à traverser le défilé de Aïn-Kébira, tantôt glissant, tantôt roulant; et grande fut la surprise de ceux qui lui avaient prédit un malheureux sort, lorsque plus tard en entrant à Mostaghanem, ils aperçurent le petit vieillard faire son entrée dans cette ville, sautant joyeusement sur ses béquilles. C'est que dans ces sortes de catastrophes, le courage moral est d'un bien plus grand secours que la force physique.

Quant à notre armée, elle eut peu à souffrir dans cette circonstance. Il y a une grande différence entre la trempe d'âme des Européens et la faiblesse morale de la plupart des juifs. Nos soldats se tirèrent généralement bien de ce passage difficile; bien plus, ils vinrent en aide aux Israélites. L'arrière-garde, composée de Zouaves et de chasseurs à cheval, sauva une grande quantité de ces infortunés. Aussi humains que braves, les soldats du commandant Lamoricière relevaient ceux qui tombaient, chargeaient les enfans sur leur sac alourdi par le poids de cent cinquante cartouches, et tout cela sans cesser de repousser à coups de fusil les Arabes qui cherchaient à s'emparer des traînards. Les chasseurs portaient en croupe ou entre leurs bras de pauvres créatures que leurs parens avaient abandonnées; et à la première halte, c'était un spectacle touchant que de voir ces braves soldats réchauffant à leurs feux les petits êtres qu'ils venaient de sauver, puis les enveloppant de leurs manteaux pour leur procurer un moment de repos et de sommeil. Mgr le duc d'Orléans, témoin de cette belle conduite, fit récompenser ces braves qui paraissaient ne pas se douter d'avoir fait une bonne action.

Au nombre des pertes qui résultèrent de la chute des chameaux, la science aura à déplorer les quarante manuscrits qu'on avait recueillis à Mascara. Le chameau chargé de la précieuse malle s'abattit et roula dans un précipice où il se tua; et la peine que l'on s'était donnée pour rassembler ces richesses littéraires se trouva en partie perdue; on dit en partie, parce que fort heureusement on avait mis sur un cheval les manuscrits qui m'avaient paru les plus importans, et ceux-là arrivèrent intacts.

Malgré tant de difficultés, les troupes marchèrent constamment en bon ordre et ne laissèrent en arrière que quelques chameaux qui tombèrent dans les ravins. Le général Oudinot, dont la blessure était cependant si récente, avait voulu remonter à cheval lors de notre départ de Mascara, et M. le maréchal gouverneur lui avait confié le commandement des deux brigades Perregaux et Marbot.

Le 10 au soir, on arriva aux marabouts de Sidi-Ibrahim où le général d'Arlanges nous attendait selon les ordres qu'il avait reçus. Sa brigade et celle du colonel Combes avaient eu prodigieusement à souffrir pendant les mauvais temps qui duraient depuis quelques jours. Bivouaqués à Aïn-Kébira et aux environs, ils avaient été exposés pendant quarante-huit heures à une forte pluie sans pouvoir allumer de feux. Officiers et soldats, accroupis dans la boue et immobiles, avaient dû attendre que le déluge cessât. La patrie leur tiendra compte de leurs souffrances et du courage avec lequel ils les ont supportées. Le prince et ceux qui l'ont accompagné ont vu de leurs propres yeux que faire la guerre en Afrique n'est pas une plaisanterie comme le disent certains oisifs de France, qui regardent ces expéditions comme de peu d'importance, parce que le nombre des tués et des blessés n'est généralement pas considérable. Ils ignorent ce qu'il faut de force d'âme et de corps pour faire campagne dans un pays qui ne présente aucunes des ressources que l'on trouve dans une guerre européenne. Marcher dans des contrées inconnues où l'on ne rencontre aucune habitation dans une étendue de vingt lieues, si ce n'est des marabouts (car les saints ont seuls ici le privilége d'être logés); avoir à supporter l'ardeur du jour et le froid pénétrant de la nuit; endurer la privation d'eau ou n'en trouver que de mauvaise qualité. Puis, si le sort des combats est défavorable, avoir affaire à un ennemi implacable qui ne sait ce que c'est que faire un prisonnier. Le prince a vu de près toutes ces choses; et l'armée d'Afrique aura désormais en lui un défenseur puissant et éclairé.

En arrivant au camp de Sidi-Ibrahim, on trouva le commandant Joseph qui était venu d'Arzew dans la nuit avec une dizaine de cavaliers arabes qu'il était parvenu à décider à le suivre. Ce trait de hardiesse n'étonna personne; car le chef des spahis de Bone, par de nombreux actes de brillant courage et par l'ascendant qu'il sait prendre sur les indigènes, nous a familiarisés avec le merveilleux.

On apprit en ce moment qu'Abd-el-Kader commençait à subir les conséquences naturelles du malheur. Tout le monde l'abandonnait, jusqu'à El-Mezari, un de ses aghas, et celui qui lui était le plus utile par l'influence qu'il exerce sur les tribus. On expliquait ainsi cette dernière défection. L'émir, dont les finances avant la paix qu'il conclut avec le général Desmichels ne s'élevaient pas à plus de quatre mille francs, était parvenu par les bénéfices qui résultèrent des traités à se former un trésor qu'on évalue à près d'un million. Contre l'avis de El-Mezari, il confia cette somme à des gens de la tribu des Béni-Achem, bien que son agha lui dît de n'en rien faire et que c'étaient des voleurs. En effet, ceux-ci se partagèrent la somme et ne voulurent en rien rendre quand Abd-el-Kader la réclama. L'émir, accablé par l'infortune, vint demander conseil à El-Mezari en lui disant qu'il l'avait toujours considéré comme son père. « Et moi aussi je vous considérais comme mon fils, lui répondit le fier agha; mais c'était avant votre refus de suivre mes avis. Maintenant que vous avez agi, à votre tête, tirez-vous d'affaire comme vous pourrez. » A la suite de cette contestation, El-Mezari demanda à traiter avec notre bey Ibrahim; et d'autres personnages influens suivirent son exemple.

La route qui nous restait à parcourir jusqu'à Mostaghanem était bonne, même pour les voitures; le temps d'ailleurs était redevenu beau. Le 11, on se remit en marche. M. le maréchal gouverneur voulant s'assurer s'il se trouvait, comme il l'avait pensé, un débouché plus facile sur la droite, avait fait reconnaître la route pendant la nuit par le capitaine d'état-major Saint-Hippolyte [1], et il acquit alors la certitude de ce que lui avait fait présumer la configuration des montagnes dans cette partie de l'Atlas. En effet, le lendemain l'armée descendit dans la plaine par une pente douce coupée de quelques ravins peu profonds dont un seul nécessita le travail du génie; et encore était-il praticable un peu plus loin, puisque l'artillerie put passer, sans travail préalable, pièces, caissons et fourgons, à quelque distance de la rampe pratiquée. En général, on remarqua que ces ravins, dont on trouva encore quelques uns dans la plaine, s'effaçaient d'autant plus qu'on se rapprochait de la montagne.

Après avoir traversé dans toute sa largeur la belle plaine qui finit au massif de Mostaghanem, on campa aux marabouts de Sidi-Abd-Allah, El-Masera, etc. Sur la route on avait trouvé des cultures remarquables, beaucoup de plantations de figuiers, et quelques douars dont les habitans prirent la fuite à notre aspect. De riches matamores permirent à notre cavalerie de faire une provision d'orge qui dura jusqu'à Oran. Dans cette partie de la plaine, le sol paraît très-fertile et surtout facile à travailler. Au reste, les Arabes ne pourraient en labourer d'autre avec leur faible charrue formée

[1] Cet officier, ainsi que MM. les capitaines d'état-major Pélissier, Tatareau et Maligny, avait été à Mascara pendant la paix. Ces messieurs ont été d'un grand secours à M. le maréchal gouverneur par leur connaissance de quelques unes des localités à parcourir.

de deux bâtons réunis et qu'ils font traîner par un âne; car, lorsqu'ils cultivent un champ, ils ne prennent pas la peine d'arracher les broussailles qu'ils y rencontrent, se contentant de gratter la terre tout autour. Ils ne se piquent pas non plus d'une grande régularité dans le tracé des sillons, qui ont une infinité de ces irrégularités que les gens du métier appellent des lièvres et des taupes. Cependant on trouve quelques champs qui font exception à cette habitude générale et dont la culture ferait honneur à des Européens.

Notre bivouac de Sidi-Abd-Allah était d'un aspect fort original et en même temps agréable. Il se trouvait sur le côté Est d'un ravin très-rocailleux et bien boisé au milieu duquel était un petit ruisseau. On y remarquait trois marabouts et une petite mosquée qui peuvent servir de point de repère lorsque de la plaine on veut marcher sur Mostaghanem. C'est à cet endroit que peu de jours auparavant la garnison de cette ville était venue, sous les ordres du commandant Friol, au moment où nous pénétrions dans la montagne, le 4 décembre. Elle avait tiré le canon et allumé de grands feux; mais, à une distance de six lieues, et plus occupés de ce qui se passait devant nous que de regarder à gauche, nous n'avions rien aperçu, rien entendu.

Le 12, on prit la route de Mostaghanem et, à l'exception d'une montée rapide à côté du ravin où le génie dut travailler, nous ne trouvâmes plus qu'une route facile sur un terrain ondulé à travers des broussailles qu'on appelle une forêt. Cette dénomination, qui s'est déjà trouvée appliquée à des bois taillis de même genre, s'explique facilement. On voit, dans les histoires et les géographies anciennes, que la régence était autrefois beaucoup plus boisée qu'elle ne l'est maintenant. Ainsi, Shaw parle d'une forêt d'où le dey d'Alger tirait des bois de haute futaie pour sa marine. Lors de l'expédition du 18 octobre dernier, on a eu occasion de voir cette forêt, qui est au pied du Sahel, dans la partie Ouest de la Mitidja, et on n'y a trouvé que des broussailles ou de très-petits arbres. Il est donc arrivé que ce qui était forêt jadis est devenu, par des dévastations successives, bois et puis simples broussailles; et cependant, quoique la chose eût totalement changé de nature, le nom n'a pas moins continué de subsister.

Dans cette forêt, nous devions encore trouver, disait-on, l'éternelle embuscade; mais nous n'y vîmes pour tout ennemi que quatorze cavaliers qui longèrent notre droite pendant quelque temps sans que personne se donnât la peine de leur donner un coup de fusil, quoiqu'ils fussent tout-à-fait à portée. C'est, au reste, un très-bon système que d'éviter de tirer sur les Arabes; car l'odeur de la poudre a pour eux un attrait tout particulier. On en eut un exemple au bivouac d'Aïn-Kébira, pendant l'occupation de Mascara. Les soldats de la brigade Combes s'étant mis à décharger leurs armes, les Arabes accoururent aussitôt et une fusillade très-vive s'engagea.

La distance de Sidi-Abd-Allah à Mostaghanem,

n'étant guère que de quatre lieues, on arriva de bonne heure dans cette ville. Là se terminait l'expédition de Mascara ; car de Mostaghanem à Oran il n'y avait aucune chance de trouver des ennemis à combattre. L'armée, avant de reprendre cette route, trouva à Mostaghanen du repos et des vivres frais, deux choses dont elle avait grand besoin. Les malades et les blessés trouvèrent à l'hôpital dirigé par M. Reiss tous les secours que leur position rendait nécessaires. Mgr le duc d'Orléans avant de quitter l'Afrique voulut leur laisser une dernière marque de l'intérêt qu'il leur avait constamment témoigné, et une somme considérable fut, par ses ordres, mise à leur disposition. Dans une lettre adressée à M. le maréchal gouverneur, le prince le chargeait d'exprimer aux troupes toute la satisfaction qu'il avait éprouvée de l'ardeur et du courage qu'elles avaient montrés dans les combats, et de la résignation dont elles avaient fait preuve dans les circonstances difficiles d'un autre genre où elles s'étaient trouvées.

Pendant le séjour que M. le maréchal gouverneur fit à Mostaghanem, il signa plusieurs nominations de chefs arabes. Le seïd El-Akhal-Ben-Douadji fut choisi pour être kaïd de Mazounah, fonction qu'il avait remplie jadis. El-Hadj-Moustafa-Ouled-Osman-Bey, frère du khalifa du bey Ibrahim, fut nommé bey lui-même.

M. le maréchal parcourut aussi dans le plus grand détail Mostaghanem et ses environs dont l'importance a été tout-à-fait méconnue jusqu'à présent, et dont la fertilité surtout est beaucoup plus grande qu'on ne se l'était imaginé.

Il ne reste plus qu'à jeter un coup d'œil général sur l'ensemble de la campagne dont la narration est maintenant terminée.

Le succès est dû principalement à la sage circonspection de M. le maréchal gouverneur qui a lassé plus d'une fois la patience de l'ennemi. Les armées arabes, dépourvues des moyens de transport que nous possédons, n'ont en général de vivres et de munitions que ce que chaque individu peut porter avec lui. La provision épuisée, il faut retourner chez soi. Ces armées ne sont pas comme les nôtres, maintenues, réunies par les lois d'une discipline sévère. La passion amène l'Arabe de son plein gré sur le champ de bataille ; l'ennui ou le découragement l'en éloigne à sa volonté, sans que la voix d'aucun chef soit assez puissante pour forcer à rester ceux qui veulent partir. Une telle organisation militaire ne leur permet pas de tenir longtemps campagne. Une autre cause puissante de succès a été le soin que M. le maréchal a mis à remplacer autant que possible les combats par des manœuvres qui tenaient l'ennemi dans une incertitude, dans une perplexité continuelles, et qui ne lui permettaient de connaître au juste nos véritables intentions que lorsqu'il était trop tard pour en empêcher l'exécution.

Aussi la campagne s'est-elle terminée avec une perte presque insignifiante de notre part, comparativement aux combats livrés, tandis que l'ennemi avoue lui-même avoir eu un millier d'hommes tués ou blessés. Indépendamment des considérations précédentes, on peut ajouter, pour expliquer cette différence de résultats, que les Arabes, qui combattent presque tous à cheval, ne peuvent avoir un tir fort juste, et que d'ailleurs ils aiment tant à brûler de la poudre, qu'ils n'attendent pas toujours pour faire feu que leur ennemi soit à portée.

Il ne faudrait cependant pas conclure de ce qui précède que les Arabes soient des ennemis peu redoutables. Leurs défauts sont amplement compensés. S'ils n'ont pas une manière régulière de manœuvre et d'attaque, ils agissent du moins avec un ensemble et surtout avec une vigueur remarquables. En un instant l'escadron ou la ligne de tirailleurs qui se croient le moins menacés, se trouvent exposés au feu d'une masse considérable venue on ne sait d'où, et devant laquelle il faut tenir avec beaucoup d'intrépidité, ou qu'il faut charger sans hésitation, car à la moindre incertitude, au moindre mouvement rétrograde qu'on ferait devant ces hardis cavaliers, on les verrait fondre comme des oiseaux de proie, poussant leur cri féroce de guerre; et comme là où seraient entrés cinq cents chevaux cinq mille ne tarderaient pas à arriver, le manque d'énergie d'une poignée d'hommes pourrait entraîner de grands désastres. Contre l'audace et l'intelligence de cet ennemi, une nombreuse cavalerie ou beaucoup d'artillerie peuvent seules assurer notre supériorité.

Dans cette mémorable expédition, M. le maréchal gouverneur a été secondé par le zèle et le courage des généraux qui commandaient sous ses ordres. Nommer M. le général Oudinot qui de même que son frère, mais avec des conséquences moins fatales, a arrosé de son sang les plaines d'Afrique, c'est rappeler à tous ceux qui l'ont vu au moment du danger son admirable sang-froid et en même temps cette ardeur qu'il savait si bien communiquer à ses soldats. MM. les généraux Perregaux, Marbot et d'Arlanges ont aussi mérité les éloges de M. le maréchal, bon juge en fait de mérite militaire. Il faut renoncer à citer les noms de tous ceux qui se sont rendus dignes d'être mentionnés honorablement. Il faut cependant parler de M. l'intendant en chef de l'armée d'Afrique Melcion d'Arc. Les efforts inouïs qu'il a dû faire au moral et au physique, pour lutter contre des difficultés peu ordinaires et assurer le service dont il était chargé, justifient cette exception.

Enfin il est une personne dont le nom ne se trouve pas dans le cours de cet ouvrage, parce que, pour être juste, il aurait fallu le citer à chaque page, c'est M. le capitaine d'état-major de Rancé, premier aide de camp de M. le maréchal; le zèle, l'activité, le courage et l'intelligence de cet officier distingué ne se sont pas démentis d'un instant. Un suffrage des plus élevés et des plus compétens lui a déjà témoigné du reste combien ses bons services avaient été appréciés, et dispense de plus amples éloges.

FIN.

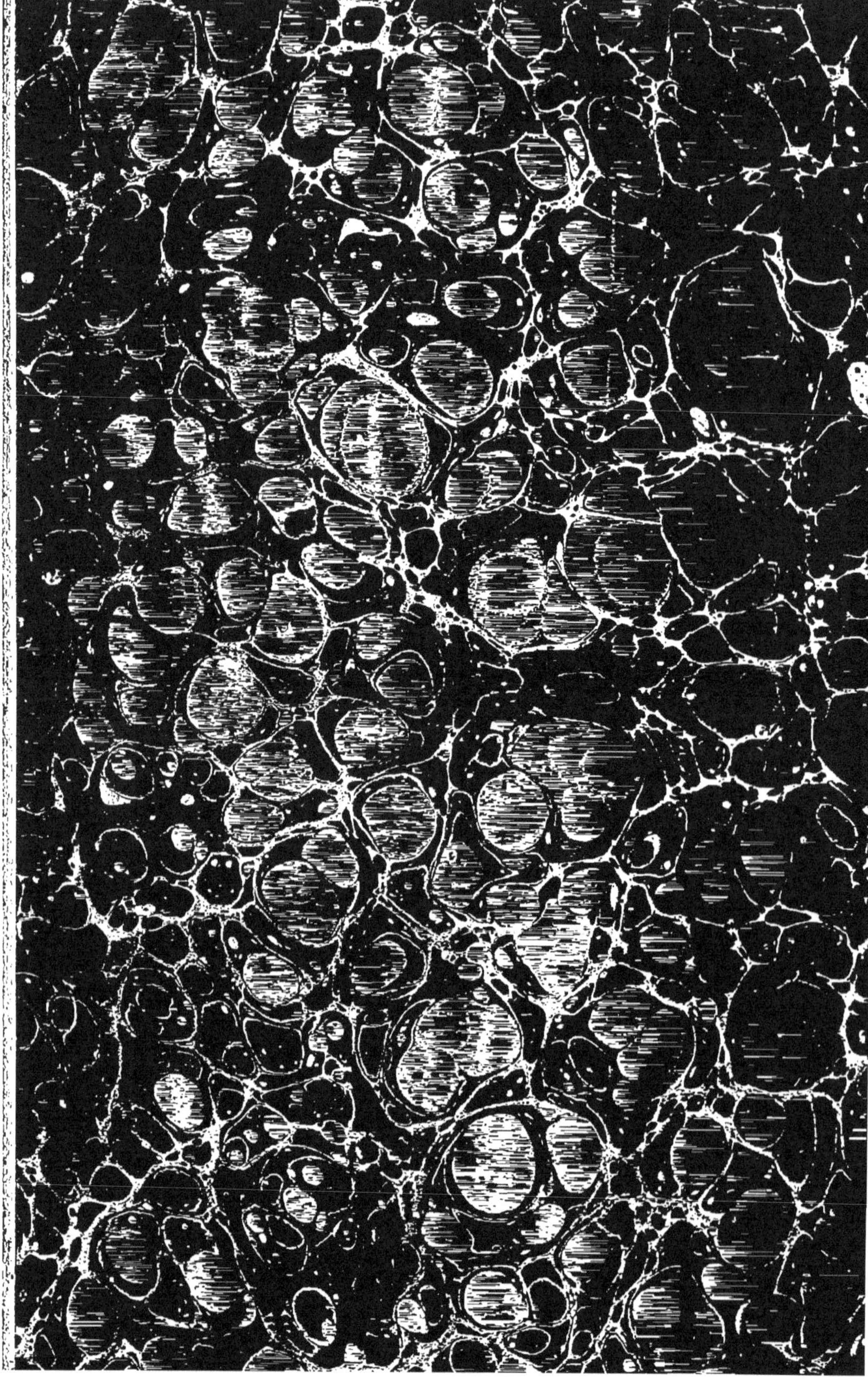

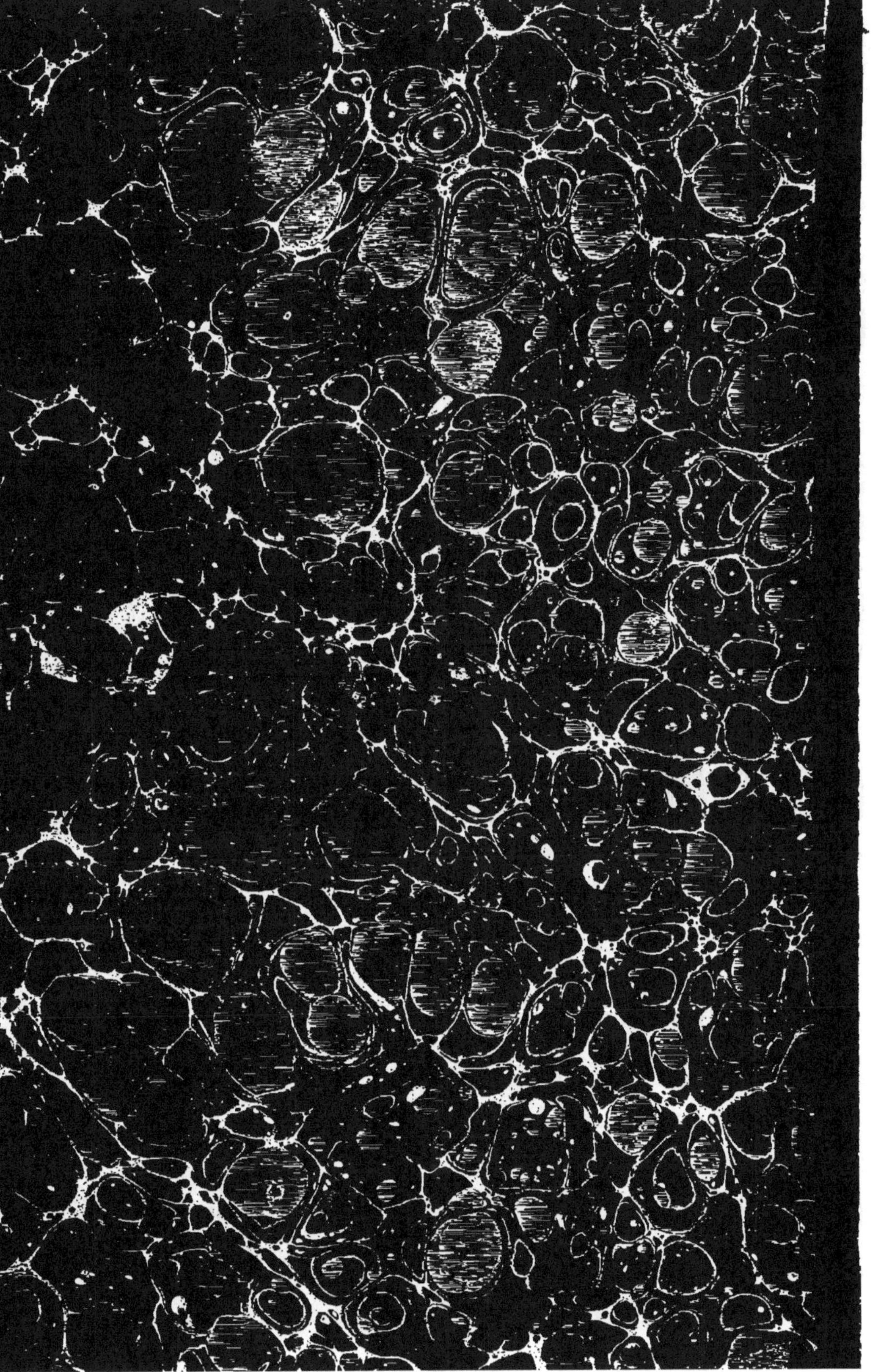

www.ingramcontent.com/pod-product-compliance
Lightning Source LLC
LaVergne TN
LVHW020347230826
846091LV00003B/1028